教師の心が折れるとき

教員のメンタルヘルス
実態と予防・対処法

臨床心理士
井上麻紀

大月書店

もくじ

はじめに

この本の内容

教員のメンタルヘルス不全が、深刻な問題になっています。

文部科学省の調査によると、2013年度に精神疾患により休職した教員（公立学校）は、5078人にのぼります（図）。大まかにいうと、7校に1人の教員が精神疾患で休職した計算になります。

しかも、表向きは「一般病休」で休業している方にも、精神疾患の方が多数います。それを含めると、自治体によりますが、その数はおよそ倍以上になります。これは公立学校のみの数字です。

加えて、休業には至っていなくても、メンタルヘルスに問題を抱えている教員がたくさんいます。教員の皆さんは、実感としておわかりのことと思います。

精神疾患によってダウンする事態が、他人事ではない時代になったのです。

私は、教職員の専門病院である近畿中央病院で、臨床心理士として働いています。教員に特

図　精神疾患による休職者数（公立学校の教育職員）

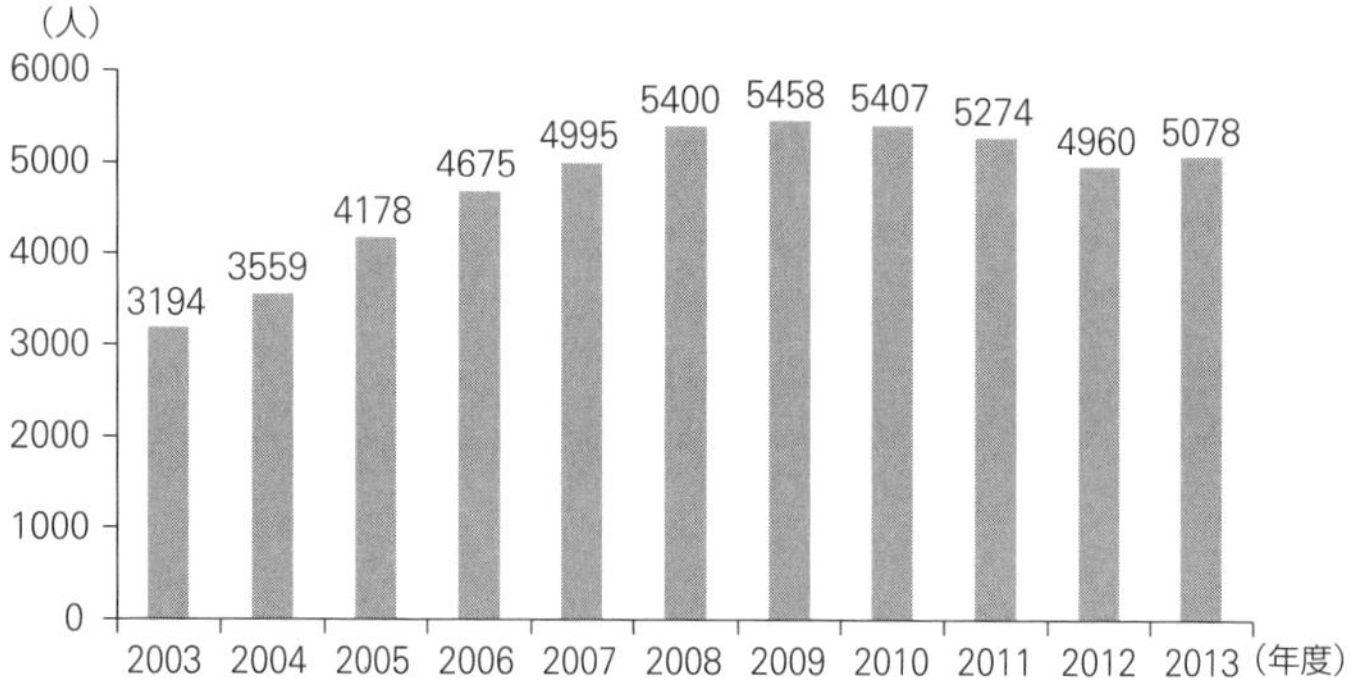

（出典）文部科学省「公立学校教職員の人事行政状況調査」。

化したカウンセリングや職場復帰支援をおこなう当院には、メンタルヘルス不全を抱えた教員の方々がたくさんお見えになります。

　この本では、そんな私の経験から、心が折れてしまった教員たちの姿や、そこからわかる傾向、そして教員に対するメンタルヘルスケアの実際を紹介しています。そのうえで、教員本人・家族・管理職や同僚の方々にできること、気をつけていただきたいポイントをまとめました。

　教員の方々はもちろんのこと、そのご家族や教育関係者にもお読みいただき、教師の皆さんが生き生きと自分らしく働けるために、お役立ていただけたらうれしいです。

教員の皆さんへ

忙しいのが当たり前の毎日で、たくさんの人間関係のなかで仕事をしている教員の皆さんは、日々の疲れ具合が強いのではないでしょうか。

厚生労働省の調査によれば、教員は疲労を感じる度合が、一般勤労者の3～4倍も高いそうです。

一般企業の労働者は、仕事での身体疲労度合について、「とても疲れる」が14・1％、「やや疲れる」が58・1％。他方、教員の場合、「とても疲れる」が44・9％、「やや疲れる」が47・6％にのぼります。

仕事のストレス度についても、「仕事量の問題」を感じる一般企業労働者は32・3％、教員は60・8％です。

相談できる相手では、「上司、同僚」を挙げた一般企業労働者は64・2％、教員では、わずか14・1％でした（以上、「教員のメンタルヘルス対策および効果測定」「平成14年労働者健康状況調査」）。

これらから見ても、教員の仕事はとても疲労を感じやすいこと、仕事量もかなり多く負担であること、相談相手をもつ時間や気持ちのゆとりもないことがわかります。

そして、公立学校に勤務する場合、他の公務員と同じように、雇用は安定しているけれど、公的な住民サービスをする立場上、逃げ場がないことが、「やらなければならない」気持ちに拍車をかけるようです。

学校現場では、2〜3名の管理職を除いては横並びで指揮命令系統がなく、経験に関わりなく同じ質や量の仕事を期待されます。このことも、教員のストレスが高い一因だと思われます。教育現場の体制の改善を求めていくとともに、すぐには変わらない現場のなかで、みずからを守る方法を知っておくことが役に立ちそうです。どうぞ、ご自分の健康を守る手がかりを得てくだされぱと願いつつ、この本を書きました。

●

疲れた時、ダウンしそうな時、進むのは前だけではありません。いつもはそうでないのに、素直になれない時もあるかもしれません。

そんな時は、とにかくぐっすり眠って、身体をほぐしてみます。そうすると少しだけ、こころもほぐれてきます。嫌でなければ、マッサージや整骨院などで身体をほぐしてもらうことも、自分へのケアにつながります。

教師のように、人のケアをする対人サービス業についている人は、自分が思っているよりも消耗することが多いものです。こころがけて、自分にも休養・栄養などのケアをしないと、自分が枯れてしまいます。

そして、「ただの自分」に戻れる時間・場所・人を確保します。「○○先生」でいる時間をなくす工夫をし、「24時間教師」をやめましょう。

信頼できる人に話をしてみることも、健康に生きる糸口になります。あなたがこころを開かないと、そういう相手はつくれないかもしれません。

そして、そのための時間を少しだけでもつくるのが、自分を大切にすることにつながります。いつも聞き役ではなく、弱音や愚痴を言える人・時間をもっておくことは、大事なことです。

愚痴を言うのは嫌い、という人もいますが、対人サービス業についている方は、聞く側だけでなく言う側にもなる経験が、良いほうに働くことが多いものです。

また、真面目な教員ほど、「物事や人を悪く思ってはいけない」と思っています。それで元気な方は、そのままでいいと思います。でも、「悪く思わないようにしよう」と思うあまり、気持ちをもてあましている、なんだかもやもやして身体が重いという方は、愚痴を言うのも大アリだと思ってください。

自分の話や気持ちを受けとめてもらえる、ただそれだけで、人は少し元気になります。ちゃんと聴いてもらったりわかってもらえたりすると、人はどんなに落ち着くことでしょう。そういう意味で、自分を見せられる人・時間・場所を確保するのは、本当に大事なことです。最近、そういう機会はなかったなぁという方は、自分にも目を向けてあげてください。

話は、少し聞いてもらうだけでも落ち着く場合がありますし、重い話を抱えている場合なら、専門家に話すほうが気が楽な場合もあるでしょう。「誰でもいいのではなく、この人にわかってもらいたい！」という場合もあると思います。すぐにはわかってもらえないこともありますが、あなたにとって大事な人なら、少しだけ勇気を出して話してみるのも、自分を大切にすることにつながります。

わかってほしい相手が、簡単には聞いてくれそうにない、わかってくれそうにない場合は、話をちゃんと聞いてもらうのにも、自分の準備が必要なことがあります。長年（わかってほしいのに）わかってくれない親などに、ちゃんと話を聞いてもらいたいけれど、何度も失敗してきたという方で、自分の気持ちを整理し、親と向きあう準備をするカウンセリングを受けに来る方もいます。これまで聞いてもらえなかった悲しみや怒り、自分の気持ちをつぶさに話して整理していくことで、やっと親に、思っていることが自分らしく言えたというケースは、けっこうあります。

身近な人に、思ったことが言えるようになると、他の人間関係にも良い影響があることが多いです。

● 自分を大事にすること。自分への具体的なケアをすること。自分に戻れる場所をもつこと。

自分の話を聞いてもらうこと。そして、もうひとつ大事なことがあります。今できないことは「できない」と言う勇気をもつことです。

教員には、なぜか「できない」と言えない人が多いのです。日々、子どもたちに「がんばろうね」を教えているからでしょうか。「がんばれないのはダメだ」と思っている教員もいます。自分に対しても、「できないなんてありえない」「できなくてはいけない」と感じる人が多いと思います。学校でも、家庭でもです。

ただ、全部を完璧にこなそうとすると、かえってうまくいかないことも多いものです。たまに弱音を吐く生徒を、あなたは責めますか？　そう考えたら、少しわかっていただけると思います。「できないことがある」ということを認めるのも、ひとつの力なのです。

このことと関係しますが、私どものところに来られる教員の苦手なことに、「頼む」「断る」があります。「自分でやるほうが早いし確実」という考えからのようです。

でも、それでは、自分は万能だと言っているようなものです。万能の教員ばかりでは、子どもたちが息苦しくありませんか？

頼むのも断るのも、他人を信頼してみるということなのです。「頼む」「断る」が苦手な方はぜひ、今日からやってください。

「申し訳ないから」頼めない・断われないというのには、「自分ならできる」といったおごりや、他者が信用できないという気持ちが隠れていることがあります。人を信頼して、任せてみて、「頼む」「断る」ができると、自分への余裕も生まれます。

●

そして、忙しい現場で仕事をするからこそ、自分の気持ちを大事にしましょう。

仕事ですから、いろいろなことに自分を合わせたり、妥協したりしながら、日々は過ぎていきます。でもそのなかで、「こころは自由で」いいのです。

「ムカつくなぁ」「こういう言い方する人、嫌いだなぁ」「早く終わってくれないかなぁ」など、お腹のなかでどんなことを感じてもオーケーです。

真面目な教員ほど、「ネガティブなことを考えてはいけない」と思っています。でも、人間ですから、いろんなことを感じるものです。

できれば顔には出さず、その対応が終わってから、信頼できる人に愚痴を言えるといいですね。顔に出てしまう人は、せめてその場で口には出さずに乗り切りたいものです。

1

メンタルヘルスケアの
現場から見える教員たち

1　心が折れた教員たちの姿——心当たりがありませんか？

朝3時起きで週6日

今日来られた先生のなかに、この春に休業から復帰した小学校教員がおられました。40代後半の女性教諭で、仕事をバリバリこなし、人間関係の調整も上手な方です。

この方が昨年12月に休業することになった原因は、数年間以上にわたり、5年生・6年生を続けて担任してきた疲れにあるようです。しかも、うち3回は、6年生の学年主任でした。帰宅は夜10時・11時が当たり前、家族のご飯をつくる元気もなく、かといって同業の夫も大変なため、家事分担はすべて本人にかかっていたそうです。遅くに帰宅し、ご飯と呼べるかわからないご飯を食べて仮眠をとって、午前3時に起きないと仕事がまわらない。そのうえ、土日もどちらか1日はフルで出勤。

ここまで聞いただけでも、倒れそうです。私なら病気になっていると思います。

さらに、両親の介護が重なった時期には、管理職に事情を話して今年だけ担任免除をお願いしたら、「働ける子を補助でつけたるから！」と頼み込まれ、介護をしながら5年生担任をこなしたとのこと。

実のところ、40歳を過ぎてからは、朝3時に起きても仕事がはかどらなかったといいます。

それでも、「できる」先生でいなければ、という思いから、無理に身体を起こしていたようです。

そこへ、決定打として、対応が難しい保護者とのトラブルが起こりました。学年はかなり若い同僚ばかりで、自分でどうにかするしかなかったといいます。周囲に助けてもらえる環境をつくってきていなかったので、クラス運営がしんどくなってきたとき、SOSも出せなかった。管理職に対しても、「大変」とは言えても「助けて」とは言えなかったそうです。

ほどなく動悸《どうき》がするようになり、ついに朝、起きられなくなりました。ある日突然、身体が動かなくなったそうです。身体症状の他に、何も決められない、涙が止まらない状態になり、やむなく心療内科を受診して、12月半ばから病気休暇に入りました。

「定時に帰る」と誓ったが……

休業した罪悪感に苛《さいな》まれているなか、夫は「がんばってきたんやから、ちゃんと休んだらええやん」と言ってくれるけれど、「休んだ自分が許せない」「周囲になんて思われるだろう」など悶々《もんもん》と考える毎日でした。思っていたよりも、疲れが身体中にまわっている感じで、寝ても寝ても疲労感がなかなか抜けないなか、新学期に向けての復帰もずいぶん迷いました。

家族は皆、「辞めたらいいよ。今のような働き方はしてほしくない」という雰囲気だったけれど、「最終的には本人が決めたら？」と言ってくれていたそうです。厳しい環境の現場で、今までのようにやれるだろうかと悩んでいたところ、夫の「辞めるか、『あのおばちゃん先生、仕事せぇへんで』って思われる感じで復帰するか、どっちかやな」「やりたかったら、ええかっこしないでやってみたらええやん」の言葉を聞いて、欲ばらずに復帰してみようと思ったようです。

初めての休業、しかもまだ90日の病気休暇期間中であること、学校が長年にわたり過重労働を課していたことが考慮され、3月復帰のうえ、転勤しての復帰が決まりました。

復帰時には、「仕事と心中はしない」「できるだけ定時に帰る日をつくる。変なおばちゃんと思われてもいい」「毎月、婦人科疾患が悪化していた。ストレスがかかると肺気胸にもなっていた。軽く見ていたけど、『仕事しすぎ』って身体が言ってたんかな」など、なぜ休業したかについての理解ができており、今後の働き方についての決意も述べていました。

仕事してないと満足できない

さて、4月以降の彼女は、新しい学校で中学年の担任（兼、学年主任）をしています。新任、講師との3人の学年だそうです。

「怒られるかもしれませんが……。仕事は山のようにあるし、土日の1日は出勤して仕事をまわしてます。もう1日は、出かけたり寝たりしています。『これもしたい』『あれもしたい』

で、『がんばっている私が好き状態』になってしまいました〜」とおっしゃいます。

今日の来院は、復帰後2回目。前回お越しになったときは、「午前3時に起きている」と言い、主治医に怒られたそうです。前回、私とお会いしたときは、「夜9時には寝るようにしている」とだけ言っていたのですが、午前3時に起きるやり方は変わっていませんでした。以前の、0時頃に寝て3時に起きるのよりはマシですが、およそ復帰直後の働き方ではありません。率直に反省なさるのは素敵なところですが、ダウンする前の彼女に戻ってきています。

「仕事は、どうしてもしないといけないものだけにしてるんだけど、朝3時に起きてするのは教材研究。子どもたちのいい顔が見たくて、自己満足でやっている。子どもたちをちゃんとひきつけておけば、クラスは安定するから、安心する。去年、クラスが崩れていったから、これをやめるのもストレス」とのことです。

「認められたいって気持ちが強いのかな。周囲は『できてる』って言ってくれるけど、自分ではやれていないと思う。で、もっともっと！　となってしまうみたい」

実際、お話を聞いているだけでも、かなり優秀で頼られる先生であろうことが伝わります。

私は、「自分のもっている良さに気づいていなくて、もっともっと、と求めているのでは？」「経験でやれることも多いし、今のままでも充分、愛される先生だと思います。何をできていないと感じておられるのかな？」「職場で身体を酷使《こくし》してまで、高い評価を求めるのはなぜ？」

「プライベートであなたが認められる場や相手が足りないからかもしれないけれど、どうだろう?」など、聞いていきました。

月に1回の診察とカウンセリングには時間をつくって来られ、今の働き方を見直し、われに返る時間をもつ努力をして、今のところ、健康を保っておられます。家庭での家事分担も、子どもさんの手助けのおかげで軽くなっています。

「理想の働き方」が20代止まり

私から見たら彼女は、クラスの子どもたちにとっても同僚にとっても、とてもすばらしい教員で、かつ素敵な女性です。これで病気にならなかったら、こういう生き方もあるのだと思いますが、この方は身体からストレスの兆候が出てくる方です。そういう意味で、ご自分を大事にするということをおろそかにしておられるなぁと感じます。

加齢とともに働き方や担う役割を変えていかないと、病気になることがあります。40代後半になっても彼女のように「無理でもがんばればなんとかなる!」という20代のような働き方では、力のある教員こそ休業に追い込まれてしまいます。

教育の現場では、対応する相手が若い(成長していく)ことも影響して、自分の理想とする働き方が20代のまま止まっている先生をよく見かけます。そして、40代、50代になって、気力・

体力がついてこなくなった頃に、無理が形となって、病気として現れることがあります。

そういった先生にお話をうかがうと、たいてい20代後半の頃のように働くイメージをもっているし、そのようにあらねばと言います。実際のところ、それはかなり無理な話ですね。

「年とった自分」を受け入れる

先日お越しになった50代後半の男性体育教員は、最近、急に不安感に襲われたり、浅眠に悩まされたりしたとのこと。

職業がら、心身ともに鍛えていたために、加齢を気にすることなく50代後半まで、土日も部活動漬けで休日なし、という働き方で突っ走ってきたようです。生徒からのあだ名は「スーパージジイ」。教師として「普通の」（＝20代後半のような）動きができないと悔しく思い、自分を責め、より厳しいトレーニングをしてみずからを鍛えていたそうです。そして、身体から悲鳴があがりました。

それでも当分の間は、自分のもつ「理想の教師」イメージを修正することはできませんでした。しかし休業したあるとき、断れずに仕方なく行った同窓会で初めて、「あれ？　自分はかなり若々しい部類に入るぞ？」「この年齢になると、皆どこか身体を痛めていたりして、自分の身体を気づかって暮らしているみたいだ」と、気づいたようです。

「同世代どうしで、『俺も年をとったなぁ』と言いあいながら、おたがい年をとってできなくなったことを受け入れているみたいだった」「年をとってわかることもある。同じことを言っても、年配の自分が言うからこそ聞いてもらえることもある」「今までは、年をとったと言うのは嫌だったけど、身体が無茶するなと言ってるんだから、仕方ない」と言うようになりました。

それをきっかけに、彼はこっそり「スーパージジイ」を卒業しようと決めたようです。卒業生には、「いつまでもスーパージジイでいてくれよ。片手で40kgのバーベル持ち上げて、30km走って、『たいしたことない』と言ってくれ」と言われて、笑いながら「おう！」と返しているそうですが。

着任直後の混乱でダウン

若い教員のなかには、配属された現場の環境が苛酷《かこく》なために、理想とのギャップに愕然《がくぜん》としたまま日々業務に追われて、体調を崩すケースも目立ちます。

子どもが好きで教員になったのに、新任として着任した後すぐに、いわゆる「大変なクラス」の担任を任されて、心身の変調をきたす先生もいます。「大変なクラス」でなくとも、新任教師は一日の授業のまわし方すらわからないうえ、授業外の細かいことがいちいちわからないと言います。

授業中にも思わぬ児童・生徒対応が必要ですし、授業以外でも臨機応変な対応を求められることが多いです。経験のある教員なら普通にできることでも、新任の間は思わぬところでつまずきます。

たとえば、小学校低学年のクラスでは、新年度の初日に大量のプリント配布をするだけで先生も児童も大混乱し、下校時間を過ぎても収拾《しゅうしゅう》がつかず、保護者から苦情の電話が入った、などはよく聞くケースです。自分が学生の頃のように、列ごとに適当な数のプリントを渡して「後ろにまわして」と配ったら、足りない子、多く取った子など、あちこちで大騒ぎになった。きちんと列ごとに数を数えて配らないといけなかったのか……といったことです。

特定の子ども向けの配布物はふつう、担任があらかじめ封筒に入れて、表に名前を書いておくなどの配慮をするそうですが、新任者はその習慣も知りません。個人情報の入った手紙が別の子どもの手に渡り、保護者から苦情が入ります。

誰もがこういう時期を経て、気をつけるべき点が自然とわかるようになり、自分らしい教員になっていくのですが、その混乱のなかで具体的に助けてくれる人がなく、不眠などが続き、調子を崩す方もいます。

皆さんはいかがでしょうか？　気力・体力、経験や年齢に合った働き方を意識して、自分を大切にできていますか？　健康を犠牲にしてまで、認められようとしていませんか？

2　ダウンする教員の傾向

心療内科を受診した教員の傾向

私の勤務先である近畿中央病院を受診した教員のデータをもとに、ダウンしやすい教員の傾向を見ていきましょう（以下、数字は心療内科部長・山村周平医師による集計、２０１３年度）。

教員本人の外来新患では、受診者の61％が仕事上のストレスにともなう心の病気であり、34％がうつ病を中心とした気分障害をともなう病気でした。

校種の内訳（初診）は、小学校62％、中学校25％、高校８％、特別支援学校４％でした。これは、全国の公立学校教員（約92万人）の所属校種の内訳と、同じような構成です。つまり、母数として小学校の教員が多いために、小学校の教員が多く受診しているということであり、どの校種が特に多いというわけではなさそうです（文部科学省のデータから、全国的にもそうであることがいっそうわかります）。

受診した教員の職場内ストレスは、要因を１つだけ挙げた場合、「生徒指導」36％、「同僚・

管理職との人間関係」20％、「保護者対応」10％、「校務分掌」8％、「家庭訪問」4％、「教員適性」3％、「その他」19％でした。

ストレス要因を2つまで挙げた場合には、「生徒指導」は31％に減ったのにともない、「同僚・管理職との人間関係」が23％に、「保護者対応」が15％に、割合が高くなりました。

生徒指導の一環として、保護者対応が絡んできて、同僚・管理職との人間関係も大変になるという連鎖が起こり、ストレスが増大し、疲弊しやすくなるようです。

当然ながら、職務上、矢面《やおもて》に立つ教員が多く休業しています。熱心さのあまり、知らず知らず自分の許容範囲を超えてしまい、ダウンする教員が多いようです。

具体的には、生徒指導担当（特に部長）、教務、転勤後すぐ、クラブ活動の主担当（中・高が多い）、50代になって初めて全く新しい仕事をする（担任を外れた、初任者研修担当、特別支援学級担当など）方の割合が多いように見受けられます。

ここ数年は、新規採用者数が多い関係から、現実とのギャップに適応できずに受診に至った若い教員の休業も増えています。

校務分掌《ぶんしょう》

校務分掌でいえば、生徒指導担当が圧倒的に多くなっています。

指導内容や対応困難さが多岐にわたるという大変さに加え、生徒指導担当が倒れる原因のひとつに、「孤立」ということがあります。特に若い教員の場合、先輩教員に遠慮して同僚間でものが言いにくく、一人で生徒指導にあたる場面が増えてくると、多くは疲弊します。学年や学校全体で、同じ方針に向けて動けたり話せたりする文化がないと、肉体だけでなく精神的にもやられます。

遅くまで生徒指導をした後、同僚や管理職が残っていて労《ねぎら》ってくれたり、あるいは連絡をくれてフォローしてくれるだけで、報《むく》われるというのは真実です。だからといって、皆が毎日遅くまで残業では、職場全体の体力が奪われますから、「できる人ができる時に」たがいの役に立つというのが現実的です。

また、生徒指導の内容によっても事情は違ってきます。教員への暴力をともなうケースでは、後に教員が休業する率は高くなっています。

人間は、一度怖い思いをすると、自分を守るための当然の防衛反応として、恐怖心を強く抱いたり、時としてフラッシュバック（ショックな記憶が突発的によみがえって、怖い思いをすること）を起こしたりするからです。この場合も、同僚や管理職、場合によっては医療機関などでの身体的・精神的フォローがポイントになってきます。暴力の程度にもよりますが、早めに適切なフォローを受けた方は、立ち直りも違ってきます。

生徒指導以外では、研究校の指定を受けている、全国もしくは都道府県規模の大会の当番校にあたり、世話役の長になる、などの行事ごとも、過労となり心身の変調をきたす可能性が大です。なかには、大役があたっているなど知らずに転勤し、立場や教科の関係で否応《いやおう》なくその世話役の長になった、転勤したてでその学校のことすらわからなくて疲弊した、という方も、よくいます。

以上の問題は、逃げる場所のない問題として教員にのしかかり、深刻です。

校種による違い

校種によって、休業する原因には差が見られます。

小学校では、一人で庶務《しょむ》課のような大量の事務作業をこなしながら教育活動をおこない、孤立感にやられる方が多いと思います。

もとより、他の校種と比べて、学年で動く文化が少なく、多忙ななかで相談相手もなく、仕事を抱え込みます。担任をしたら、空き時間などほとんどなく、トイレや食事の時間も惜《お》しんで連絡帳を見たり、宿題の丸つけなどをこなしたりし、その時々の児童対応も迫られます。児童のケンカ、保護者対応などが入ってくると、もうまわりません。

児童が帰宅した後も、保護者への連絡や会議などに追われ、自分の仕事ができるのは午後

6時以降だと多くの教員が言います。「自分の仕事」といっても、まずやらねばならないのは、学校全体の分掌の仕事、学年の仕事、書類作成などで、教材研究はその後の時間になるそうです。愚痴をこぼす時間すらないそうです。

中学校では、部活動の指導で疲弊する方が非常に多いです。

部活動が生徒指導の代わりになっている学校では、なおさらです。部活動のない日は、生徒が繁華街などに出て行き事件を起こしやすいから、土日も朝夕もサービス残業をせざるをえないという学校もあります。保護者がそのように要求してくる場合もあります。「元旦と盆（親の法事）だけは休んだ」という人もいます。365日中、363日もフル稼動していたら、かなりの人が体調を壊します。

本来「サービス」にもかかわらず、当然のように時間外出勤を求められ、「うまくやって当たり前」で、ケガや事故があると責任を問われます。保護者のなかには、部活動がサービスだとは知らず、やってくれて当たり前と思っている人が少なくありません。管理職から、部活動はサービスであること、限界があること、保護者の協力も欲しいことなどの説明が保護者向けになされているか、あるいは生徒・保護者・同僚・管理職から感謝されていないと、顧問本人は、ただただ疲労します。

がんばってもさほど褒《ほ》められないことも、消耗の原因になるようです。不眠不休の土日を過ごし、苦情を言われたうえ、また月曜から過激な通常勤務では、もたないのは当たり前です。休養がとれず、睡眠の不具合を起こし、受診に至るケースは珍しくありません。

高校では、学校によって差があることが多いですが、何回かの転勤の流れによっては、不安感を強く感じるようです。

若い頃に、教員がスクラムを組んで生徒指導にあたるいわゆる指導困難校（教科指導は二の次）を2校程度経験した後、進学校に赴任したケースが、休業に至るケースが多いように思います。進学校に転勤した途端、同僚間の関係が薄いなか、久々の教科指導に携わってプレッシャーと教員間競争にさらされ、精神的に参るようです。

「気持ち」を出しあわない文化

学校という機関は、「管理職を除いては横並び」という特殊な指揮命令系統にあり、特に小学校では、いわゆる「学級王国」神話（他の学級には干渉しない文化）のもとに、たがいに干渉せず、孤立しやすい現状があります。

私の勤務先でも、教員対象にグループカウンセリング（同じような問題や悩みをもつ人たちが、気持ちを語りおたがいを理解していくなかで、問題解決の糸口を見つけていこうとする支援）をおこなうと、特に初めのあいだは、他の人に干渉しない文化が暗黙のうちにあるようです。

本来、自由に自分の気持ちを語り、自分らしさを取り戻すための場なのですが、一般に教員の気持ちは自由ではありません。「今の気持ちを話して」とお願いしますが、なぜか「〇〇中学から来ました、数学の教員です。＊＊病で、いついつから休業しています。住まいは××で、家族は妻と子どもの4人です。よろしくお願いします」と、事実を手短にまとめて報告します。「今、知らない人のなかで緊張している」とか、「どんなことをするのか不安で、昨夜は眠れなかった」などの気持ちは語られません。そして、隣の人のほうを向いて「次の先生どうぞ」といった具合です。

知らず知らずのうちに、慣れ親しんだ学年会議のようになっています。事実の報告はありますが、気持ちの交流がしづらい文化があるのかもしれません。メンバー間でおたがいに質問をあまりしない（干渉しない）のも、他の職種のグループにはあまり見られないことです。

また、教員グループでは、メンバーが欠席したときにも、休んだ理由にふれないようにするという特徴があります。他職種のグループカウンセリングでは、欠席理由に空想をふくらませて、それぞれ心配したり、「来てほしかったのに」と腹をたてることもあったりして、その人がやってきた次回では、「こんなふうに思っていて、心配していた」「来てほしかったのに、なんで来なかったのか」「自分にとっては、来ないというのは裏切られたのと同じで、悲しかった」のようなことを話されますが、教員は、隣のクラスに干渉や詮索《せんさく》をしないように、欠席のことにもふれないのが暗黙のルールであるかのようです。

教員は、気持ちを自由に感じて語るということに遠慮があるようです。気持ちを出さないぶん、身体の症状でその肩代わりをして、身体が漠然《ばくぜん》としんどくなるというタイプの人も多いと感じます。気持ちを出せないために、うつ気分などがなかなか改善しないのではないか、と思われる方も多く見られます。

こういった方々は、感じたことを自由に話すことで、うつ症状や身体のだるさが改善されることがあります。

教員特有の、他者の事情を先取りし他者に干渉しない独立の精神は、うまくいっているときにはいいのですが、悩みがあったり困ったりしているときには、自分ひとりが煮詰まってゆき、事態を悪化させることがあります。

転勤＝環境変化

教職員は、数年単位で転勤をします。良い方向に変わることもありますが、新しい環境に慣れるのは、自分が思っているよりも気をつかいます。年齢が上がるほど大変です。

精神疾患による休職者の約半数が、その学校での勤務年数2年以内に休職に至っていた、とのデータもあります（文部科学省「平成22年度教育職員に係る懲戒処分等の状況について」）。

また、自分は転勤せず残留したとしても、人の入れ替わりがあるので、毎年新しい環境に馴《な》染《じ》んでいかなければなりません。せっかく築いた人間関係も、場合によっては1年で変わってしまいます。管理職はたいてい3年ほどの短い年月で替わってしまいますから、急に体制の変化があることもあります。

こうした環境変化への適応を毎年こなしながら、新しい児童・生徒に対応しているわけです。教員にうつ病が多いのは、このような環境因もあるように思います。苦労して築いてきた人間関係が4月ごとになくなるのですから、私なら確実に、うつになっていると思います。

また、学校間・地域間の違いがありますから、転勤先の地域性になじめず、「今までの経験が通用しない」といって、相談する相手もないまま燃え尽きることもあります。

学年団によりますが、中学では、わりあい「学年で動く」文化があります。これがうまく機能していれば、学校がどんなに荒れていようと、支えられる人が多いように思います。むしろ、いわゆる指導困難校や同和教育推進校のほうが、教員どうしのスクラムが組めて人間関係が温かいので、生き生きしている人が多いように見受けられます（暴力を受けた方などは、そうは言えません）。

以上に心当たりのある方は、自分にストレスがかかるリスクが高い状態であることを自覚して勤務すると、いざというときに助けを求めることができます。気づいていないと、一人で抱え込んで、いきなりダウンしてしまいます。

人生上の問題

人生の転機と重なった方も、多く休業しています。たとえば、家庭の問題（子育て、介護、借金、夫婦不和など）を抱えている、2年以内に肉親を失った（配偶者や子どもを失った場合は4〜6年というデータも）、自分や家族の病気、などです（表を参照）。

教員もひとりの人間ですから、自分の生きる場が安定していない状況では、無理がききません。特に、身近な人を失った場合、本人は気づかなくても、知らず知らずのうちに心身が消耗していることがありますから、気をつけましょう。

こういったときには、管理職や同僚に事情を話して、一定期間は最低限の勤務にとどめておくと、メンタルヘルス不全に陥《おちい》らなくてすむかもしれません。「仕事を軽減してもらって迷惑をかけたくない」というのもわかりますが、「完全に倒れてからでは、かえってもっと迷惑をかける」という発想も必要です。

問題自体が解決のめどがたたない場合は、信頼できる人に話したり、子ども家庭センター・医療・法律相談・警察・行政など社会資源を利用したりするのも一案です。ためらわないこと

表　人生上の出来事によって勤労者が受けるストレス

順位	ストレス原因	ストレス点数
1	配偶者の死	83
2	会社の倒産	74
3	親族の死	73
4	離婚	72
5	夫婦の別居	67
6	会社を変わる	64
7	自分の病気やケガ	62
8	多忙による心身の過労	62
9	300 万円以上の借金	61
10	仕事上のミス	61
11	転職	61
12	単身赴任	60
13	左遷	60
14	家族の健康や行動の大きな変化	59
15	会社の立て直し	59
16	友人の死	59
17	会社が吸収合併される	59
18	収入の減少	58
19	人事異動	58
20	労働条件の大きな変化	55
21	配置転換	54
22	同僚との人間関係	53
23	法律的トラブル	52
24	300 万円以下の借金	51
25	上司とのトラブル	51

（出典）夏目誠ほか「勤労者におけるストレス評価法」『産業医学』第 30 巻第 4 号、1988 年より抜粋。

が重要です。

精神的な病気による思考力の低下や人格の荒廃

残念ながら、人間ですから、こういったことは起こりえます。本人は病気に気づいていなかったり、受診を嫌がったりすることもありますが、家族や管理職・同僚が付き添い、専門医を受診するとよいと思います。

誘い方としては、本人の苦痛（不眠、物忘れなど）を診てもらおう、と誘うのが効果的です。心療内科、精神科、メンタルクリニックなどのいずれでもいいのですが、本人が嫌がる場合、まずは可能な科を受診してみるのもよいでしょう。あらかじめ受診先に、本当の受診動機を伝えておくとよいと思います。

本人は最大の努力をしているのに、物事がうまくいかなくて周囲から責められるケースのなかには、病気を発症している場合もあります。本人の努力と無関係なところで責められるのは気の毒ですし、周囲も困っていることが多いものです。

たとえば、以前、本人は努力しているのに授業がうまくいかなくて、管理職や同僚から責められる、指導を受けてもうまくいかない、という方が来られたことがあります。最初にお会いした印象では、年配の教員で、多少、的外れな発言があり、のんびりはしておられるけれど、人柄はいいし真面目な方で、そこまで責められるのは気の毒だと感じました。

当院の復職（リワーク）支援プログラムに通われるようになって、模擬授業をなさったとき、びっくりしました。いちばん得意な分野だと言ってなさった模擬授業中、黒板に教材を写して書いておられたのですが、今どこを写しているのかわからなくなられました。それは、緊張によるものとは違うと私は思いました。児童役の参加者やスタッフも協力して助け舟を出しましたが、ついには立ち往生《おうじょう》してしまいました。

これは努力の問題でも、うつでもなく、脳の機能の問題があるのでは、と思われました。本人には、配偶者に今日のことを話していただくことをお願いしました。そして、本人の了解を得て、リワーク終了時に主治医に連絡をとりました。当院の模擬授業での様子や、こちらで過ごされている様子を伝え、主治医が必要と感じられたら脳の精密検査を受けていただいてはどうかとおすすめしました。

配偶者からの口添えもあり、検査を受けたところ、典型的なアルツハイマーになってきていたことがわかりました。そしてその年度末での退職を決められました。

病気は気の毒でしたが、原因がわかったことで、本人の努力の問題として責められることはなくなりました。

アルツハイマーの初期には、うつ状態と似た状態が現れるようです。それもありましたし、責められた結果、二次的にうつ状態になっていたこともわかりました。

発達障害

発達障害に関わる問題を抱えた教員も増えました。本人は真面目に努力し、周囲も最初はかなりサポートするのですが、どうやっても本人の仕事が改善しないので、困り果てた管理職がメンタルヘルス相談などに来られるケースがあります。

たとえば、成績優秀で高い倍率を突破して幼稚園教諭になったAさんは、いろいろなことを同時に判断できず、応用がきかないために、子どもの安全に配慮できないことが問題になりました。

各クラスで午前の保育をしている最中に、あるクラスが大騒ぎになっている。園長が様子を見に行ったら、園のそばの川にAさんが降りて何かを探している。園児が何人か、後ろについてきているが、Aさんは気づかない。クラスに残っている園児たちは大騒ぎしている。そんな状況だったそうです。

園長が事情を聞くと、「園児が投げた紙飛行機が川に落ちたので、飛び出して取りに行った」とのことでした。園長は、「紙飛行機が落ちても、急に飛び出して川に行ってはダメ。園児を置いていくことになるから、ダメ。どうしても取らないといけなかったら、他の先生に知らせて、取りに行ってもらいなさい。子どもたちがついてくるかもしれないから、後ろも注意しないといけない。自分が行く場合でも、他の園児には『ここにいなさい』の指示をして、他の先生に助けを求めてから行かないといけなかった」など、具体的に指導をしたそうです。Aさんは素直な人で、「申し訳ありません。今後、気をつけます」とすぐ謝ったそうです。

しかし、翌日またそのクラスが騒いでいます。見ると、Aさんがまた川に降りています。園長は心底びっくりして、「昨日言ったばかりでしょ！」と強い指導をしたそうですが、Aさんは「だって、今日はボールが落ちたので」と言われたそうです。

園長は、がっくり肩を落とし、「紙飛行機はダメとわかったけれど、ボールもダメと教えないといけなかったのか……。どう教えたら、安全に配慮できるのだろう」と無力感に襲われたと言います。

そのようなエピソードが数々あり、一人でクラスを任すことはなくなりました。本人は一生懸命に見えるし、園長や他の先生も具体的にサポートするけれど、応用がきかず、一度に1つのこと、言ったことしかできないそうです。本人に悪気《わるぎ》はなく、がんばっているのに、毎回注意をされます。そして、この事例は、園児に被害があってからでは遅い事例です。どのようにしていくか、園長が非常に悩みました。

私も本人に、メンタルヘルス相談という形でお会いしましたが、素直な方で、本当に悪気なくわからないのだということがわかりました。園長を悪く言うこともなく、「いろいろ指導いただいているが、そこそこ働けている気はする。でも園長先生は、これでは困るとおっしゃる」と、何が足らないのかわからずに、悲しそうです。何かのレポートとして、たまたま持ってこられた文章はすばらしかったので、教員採用試験を一番で通ったのかもしれません。

悲しい気持ちをよくうかがったうえで、専門機関を受診するようおすすめしました。発達障害が疑われましたが、本人はよくわからない様子でした。私は、「がんばっているのに、指導されてばかりで、つらいですね。何か今後の手がかりがないか、受診なさっては？」というような言い方をしたと思います。発達障害を専門にしているクリニックをいくつか紹介しました。素直な若い方でしたので、障害をオープンにしてサポートを受けながら働けたら、笑顔が戻るのではないかと思われました。

一方、ご両親は、「せっかく受かった教員だから、辞めないでがんばれ」とおっしゃるそうで、本人のつらさや障害について、認めたくない様子だったそうです。その後、Aさんが悪いわけではないが、子どもの安全に配慮できないのは重大なことだからという理由で、辞めて別の職業に就《つ》かれたと聞きました。その間、園長先生はずいぶんとご両親の恨《うら》みを買い、しかし笑顔の消えた本人にとってもこのままではよくないと一緒に悩まれ、そのような決断まで添われたそうです。

どこを受診したらいいかわからない場合は、養護教諭、スクールカウンセラーや、各都道府県の精神保健福祉センター（巻末のリストを参照）に連絡をとると、地域の専門医情報をくれます。教えてもらった医療機関に、事前に電話してから行くと、比較的スムーズにいくと思われます。

もともとの適性の問題

これも非常に申し上げづらい内容ですが、人間である以上、起こりえます。本人が悪いのではなく、本人と職業とのミスマッチであり、他の職種であれば充分に力を発揮する方もいます。

近年、ベテラン層の大量退職にともない、若い世代の大量採用時代に入っています。転勤や学内の調整などで環境を配慮してもらったり、研修などで力量アップの試みをしたりしてもうまくいかないようでしたら、職業選択を考えなおす自由もあると思います。

精神的に参って休業する教員には、以上のような傾向が見られます。

2

教員へのメンタルヘルスケアの実際

医療機関では

かつて精神科、心療内科外来は、重症か事情のあるケースの受診が多かったように思います。ところが年々、教職員でも軽症の方が増えました。

心の病気について社会的な認知度が高まり、受診のハードルが若干低くなったこともあるのかもしれませんが、不調を訴える教員が増えました。全体的に患者数は増え、また、初診の日にすぐ休みに入らなくてはならないほど疲弊している教員も増えました。

教員は、「休めないから」と言って、かなり我慢してから受診に至る傾向があるように思います。当院では、受診後、その場で、ドクターストップがかかったことを管理職に電話してもらい（必要なら家族から）、学校事情にも配慮して休業期間を相談してもらうことがあります。いわゆる裏付けの講師の先生を配置する関係で、最低限必要な期間がありますから、管理職に相談のうえ、本人が安心して休養できるようにします。そうしないと、休むのは仕方ないのですが学校が混乱し、いざ復職したときに本人への風当たりがきつくなることがあります。

初診で外来に来られた場合、医師が話をうかがいながら、主に3点について見立てをおこないます。①精神疾患かどうか（症状レベルでどの程度か、あるいは悩みのレベルか）、②環境要因はどうか（学校、家族など）、③性格的な傾向はどうか。

1つの要因だけで倒れるのはレアケースです。どの要因がどれだけ関係しているか、個々のケースについて見立てをおこない、必要な治療方針（薬物療法、休業が必要かどうかとその期間、精神療法併用など）をたてます。

公立学校共済組合の直営病院が全国8カ所にあり、メンタルヘルスに関する相談に乗っています。巻末に一覧を付けましたので、参考になさってください。

公立学校に勤める教職員の皆さんには、次のようなサービスがあります。

公立学校共済組合のサービス

●面談によるメンタルヘルス相談

全国に180カ所、ご希望の場所で相談を受けることができます。

予約受付　☎　0120－783－269

平日：午前9時から午後9時まで

土曜日：午前9時から午後4時まで

（要確認）組合員証の記号・番号

●教職員健康相談24

24時間電話相談

☎ 0120－24－8349（年中無休）

●メンタルヘルス相談
公立学校共済組合直営病院（巻末の一覧を参照）

行政では

近年は、行政でも教員のメンタルヘルス対策が徐々に進められてきています。東京都教職員総合健康センターをはじめとして、各教育委員会が独自のとりくみをしています。

各自治体には広報誌がありますし、教育委員会や都道府県の教育センター、精神保健福祉センターに問い合わせるなど、なさってはいかがでしょう。巻末の一覧をご活用ください。

この章では、兵庫県でのとりくみを具体的に紹介します。

1 段階的なサポート

管理職向けのメンタルヘルス研修で、管理職が正しい知識をもつよう支援しています。

そして、休業に至った教員本人に対しては、以下のような段階的な復職（リワーク）支援をおこなっています。

- プレ・リワーク（復職を検討する前の段階）
- リワーク支援（復職を考え始めた教員対象）
- プレ出勤（慣らし出勤）
- フォローアップ（復帰直後のサポート）

メンタルヘルス対策は、多面的におこなうことで効果を増すと考えられます。そして、教員自身が元気になるだけでなく、受け入れ態勢との調整が必要です。復帰は、療養者・復帰者の病状だけでなく、現場の負担とのバランスを考えて、現場全体を考えなければうまくいきません。

医療のなかで元気になり、復職のめどがついた方は、プレ出勤（慣らし出勤）等で、学校現場でやっていけるかを試すことになります。そして、学校側で配慮できることがあれば、その環境調整を管理職とおこないます。リワーク支援プログラムの参加者には、前後に管理職を交えた面談をおこない、当院も環境調整のお手伝いをしています。

復帰予定者と学校との間に入り、調整してくれるのが、兵庫県では、メンタルヘルスアドバイザーです。大阪府堺市にも、療養者と学校を仲介してくれる制度があります。兵庫県では、「教職員メンタルヘルス相談センター」でも個別の相談にのってもらえますし、大阪府には教職員個別相談の窓口があります。

最終的に、復帰可能かどうかを判断するのは、当院のメンタルヘルスサポート事業ではなく、病状や慣らし出勤の様子を見ながら主治医、教育委員会、本人、学校長などが相談・協議のうえ判断ということになります。

2 管理職向け研修

兵庫県教育委員会では、2002年度から、メンタルヘルス研修をまず管理職に対して始めました。当初は、新任校長130名を対象にして始めました。このときはまだ、メンタルヘルスに関する話を初めて聞いたという管理職から、「がんばれと言ってはいけないのですか?」という質問が悪気《わるぎ》なく飛び出すような状態でした。

2004年度から、実際に休業中の職員がいる学校の管理職(校長)に研修をおこなったところ、たいへん活発な会となりました。実際に当該校にいると、人ごとではないので、具体的な質問が飛び交うのです。

当該校だけでなく全校対象の研修では、管理職どうしのライバル心も影響しているそうで具体的な質問は出にくいのに比べ、該当者を抱える管理職どうしの研修では、他校はどうしているのか、専門的にはどうしたらいいのかなど、具体的な手立てを知りたい気持ちが強く、胸の内を語れる会となりました。教育の現場では、校長先生どうしは、干渉せず弱みは見せない文化があるようです。教頭先生の会は、少し雰囲気が違います。横のつながりで助けあいましょうという雰囲気があります。

このように孤立しがちな立場の管理職対象の研修（特に校長先生対象の研修）では、まず2つのことをお願いしています。①一人で抱えないこと。役に立ってくれそうな人は誰でも仲間にして問題に対処すること。ただし、守秘義務を守れる方で。②管理職が率先して健康相談や受診をすること。自分が健康でないと、目がくもりますし、職員や家族の健康は守れません。

ストレスがそれほどでもない方は、愚痴大歓迎。嫌なことを内に溜めずに、人を選んでこぼしてくださいね、「ただの人」に戻れる時間をつくってくださいね、と伝えています。

対話をしながらこういった研修をやっていくと、参加者にも、私がどんな人間かがわかります。顔がわかるというのは本当に大事なことで、後々いろいろな面でつながります。職場復帰支援事業に該当者を紹介されたり、校長自身の個人的な相談で電話をかけられたり、メンタル相談で会いに来られたり、必要な医療機関を紹介してほしいと求められたりという関係ができます。そういった、気軽に相談のできる専門家をもつことも、メンタルヘルスの維持につながります。

3 プレ・リワーク

休業した教員向けの事業は、段階的なサポート体制が整えられてきています。

休業中で、まだ復帰を具体的に考える以前の方などを対象としたものが、「プレ・リワークプログラム」です（2014年度～）。目的は、孤立しがちな療養中に、①療養者どうしの交流をすること、②それを通して療養中の過ごし方のヒントを得ること、の2点です。臨床心理士2名が出向いて、プログラムをおこなっています。

4月末から、2週間に一度、午後1時～5時の4時間、全5回（7月中旬まで）実施します。

毎回のプログラムは、次のような流れになっています。

●来談

●チェックシート記入

●グループワーク
●交流会
●さようならシート記入（ふり返り）
●閉会

まず、精神健康度チェックや復職前準備段階シートなどにより、現在の自分の状態を客観的に知ってもらい、今がどのような療養をする段階かについて、気づいていただきます。たとえば、「しっかり寝るように」と主治医から説明を受けていても、家族が「怠《なま》けるな」と責めるから、ずっと寝ていてはいけないと思っていたなど、肩身の狭い療養生活を送っていた方もいます。

病状によっては、ぐっすり眠れるよう主治医に相談するほうがいいのですが、「医師が忙しそうだから、診察でも時間をとってはいけない」と、「よい患者」をやってきている教職員は珍しくありません。「病院は、不具合を言いに来ていただくところ」「家族がわかってくれなければ、診察に付いて来てもらったら」という当たり前の声かけで、やっと主治医に今の状態を相談できたという方もいます。

また、療養者どうしの交流を通じて、他の療養者はどういった状態か、今の生活をどのような気持ちで送っているか、家族の理解はどうか、主治医との関係は、などについて話すのを聞き、たがいに非常に参考になるようです。

先日は、Ａ「休業してから、ずっと寝てばかりいる。夜に寝て、朝ご飯を食べてまた寝て、昼ご飯を食べてうたた寝して、晩ご飯を食べてウトウトし、夜また寝る。こんなに寝ているので、家族は自分を怠け者と責める。自分も、このままではダメになってしまうんじゃないかと不安」と話す方がいました。

他の参加者が、Ｂ「自分も休業した当初は、ずっと寝ていた。丸1年くらい寝ていたんじゃないかというくらい寝ていた。それがある頃から起きられるようになって、だんだん日常生活を送っているという感じになってきた。いま考えたら、それだけ疲れていたんですよ。そういう時期はありますよ」と言います。最初の方は涙を浮かべて、Ａ「自分は休んで4カ月も経つのにちっとも治らない、と焦っていた。1年も寝ないととれない疲れもあるのか……。自分も休む前は、パンパンに疲れていたと思う。来てよかった。ほっとした」。体験者の言葉だけに、重みがあります。

その他の参加者も、Ｃ「今はだいぶよくなったけど、今でも、ぐっすり眠れるのは週に2～3日。Ａさんがそんなに眠れるのは、うらやましい」。スタッフからも、〈しんどいのに眠れない時期はありませんでしたか？〉Ａ「そうだった。休む前は、しんどいのに眠れなかった。あれに比べたら、かなり楽。あれはもうこりごり。今はいくらでも眠れる。そうか、いい方向に行く日が来るといいな」。D「でもね、家族の理解って関係しません？　うちは、寝てたら妻から責められるんです。おちおち寝てられませんでした。しんどいから、結局寝るんですけどね」。A「うちもです！」（皆、笑う）

その後は、いかに周囲がわかってくれないかの愚痴大会。いつも責められている立場の何人かが遠慮なく愚痴を言いあって、明るい表情になっていました。

このような睡眠に関する情報交換や、少しの気持ちの交流ができるだけでも、療養者の気持ちは明るくなるようで、このサポート会をずっと続けてほしいとの声が複数あがっていました。

参加者におこなった満足度アンケートは、全くよくなかった（1）～大変よかった（5）の5件法で毎回4以上であり、特に療養者どうしの交流会について、最終回は4・4点でした。具体的によかった点としては、①悩んでいるのは自分だけではないと思った、②自分や他人について新しい見方ができるようになった、③自分を率直に、適切に表現することの難しさを知った、④自分について、気づかなかったことに気づいた、が上位を占めました。最終回には「今後利用できるサービス一覧」を説明し、役に立ったようです。

参加者は、公立学校に在籍する正規教員で、療養中の方。当院に直接電話で申し込みます。学校や教育委員会を通さない申し込み方法がとれるという意味で、ハードルが低いのか、初年度から問い合わせや申し込みが多く（1回定員10名のところ、16名程度が予約）、実際に定員を超える参加者があった回もありました。

4 リワーク支援プログラム（職場復帰トレーニング）

休業からの職場復帰を考え始めた教員を対象に、兵庫県教育委員会は2002年度から、「職場復帰トレーニング」を当院委託で始めました（2014年度より「リワーク支援プログラム」に改称しました）。

教員である前に、まず「人として」元気になってもらい、適切な時期に復帰するのをサポートする復職支援プログラムです。

精神疾患での休業の場合、他の休業者と接する機会はあまりなく、一人で孤独感や罪悪感、異常感と闘うことが多いです。このプログラムを通じて、病気を経験した人どうしが集まって気持ちを話すことで、安堵《あんど》感を覚えるようです。「自分ひとりではなかった」という感覚が、何かをしてみようと動き出す勇気につながるようです。その期間を通して、参加した仲間とともに、休業に至った経緯や気持ちをできるだけ整理したうえで、「今度はこう働いてみよう」などの目安をもてるとなおよいと思って、援助しています。

約3カ月間、週に2回当院に通っていただき、朝9時半～午後3時半の6時間、10名ほどの固定のメンバーとともに、プログラムに取り組みます。

当院のメンタルヘルスケアセンターには、学校の教室を模《も》した部屋があり、そこでおこなっています。

- 来談
- 午前のプログラム
- 午後のプログラム
- ふり返り
- 閉会

午前・午後のプログラムは、次のようなものを組み合わせています。

① 集団精神療法
心の中を広く深く見つめ、語りあう時間です。この章の扉イラストのように、10名ほどのメンバーが輪になって座り、スタッフが同席します。

ネガティブな感情を含めて、気持ちや体験を率直に語り、仲間と交流するなかで、孤独感や罪悪感から解放される方が多くいます。

気持ちを言葉にし、自分の問題について冷静に見なおすことを通じて、自分らしさを取り戻し、再発防止の手がかりを得るきっかけになります。

② 模擬授業

ロールプレイ形式で授業をおこないます。教師役を2回、他の回は生徒役として、模擬的に授業を実施します。

「評価」のつきまとう研究授業ではありません。授業の準備をしたり、教師役・生徒役として授業に参加したりすることで、どのような気持ちになるかを体験したり、体力的・精神的にどのぐらい疲れるかを確認することを目的としています。

「もう一度、教えてみたい」「授業って、実は楽しかったな」などの声も聞かれます。教員としてのアイデンティティを高める効果があるようです。

③ グループワーク

ストレスのコントロールに役立つグループワークを取り入れています。ワークを通して、メンバー間の親密性を高め、信頼関係を築くとともに、自己理解を深めたり、楽しむ感覚を取り戻してもらうことを目的としています。

プログラムは、親睦《しんぼく》ゲームに始まり、芸術療法、健康運動指導士によるリラクゼーション・ストレッチ、講師を招いての陶芸・音楽などを実施しています。

プログラム後半には、具体的な対人場面を設定したロールプレイングも実施します。たとえば、仕事を「頼む」「断る」ことといった、対人関係の苦手ポイントを練習することで、自信になりますし、「もっと自分の気持ちを主張してもいいんだ」と気づく教員も多いです。

教員に特化した復職支援（リワーク）を実施している機関は、全国で数カ所しかありません。当院は、兵庫県の他、大阪府、神戸市、堺市、京都府、豊能《とよのう》地区の各教育委員会から委託を受け、２０１４年度末までで延べ４２２名の教員の復職支援をしてきました。

復帰率は、約76％です。当初、他機関の実績から、参加者の2割の教員に復帰してもらえれば妥当だと考えていましたが、現在のところ予想以上の実績で推移しています。

実績があがっているのは、おそらく、復職のための知識を詰めこむ教育的関わりではなくて、「教員である前に、ひとりの人間として元気になってもらうこと、および再発防止の手がかりを得てもらうこと」を目標にして、援助をおこなっているからだと思います。教育的プログラムが多いなか、これは当院独自のスタンスです。

私は、復帰率がどうこうよりも、人として元気になってもらえれば、その後の人生はその方に開けると思っています。

当院の追跡調査では、復帰した教員のうち約62％の方が、その後も休業することなく勤続しています。

5 プレ出勤（慣らし出勤）

兵庫県教育委員会では、医療機関での職場復帰支援の他、学校での「プレ出勤」（慣らし出勤）を制度化しています。

病状が安定して復帰を考えるようになったら、生活リズムを整えてリワークに参加したり、現場でのプレ出勤を検討します。5章でくわしくコツなどにふれます。

自分で職場と連絡をとる、管理職と会うなどが可能になってきたら、主治医の許可を得て、職場での慣らし勤務プランを管理職とともに立てるとよいでしょう。1～2カ月をかけて、最初は週2日、午前9時くらいから2時間程度、学校に行ってみます。そうして、時間を延ばすか、行く日数を増やすかして、最終週には、定時から定時まで学校にいられるかどうか、慣らしをしていきます。

プレ出勤は、物理的に職場に行けるよう慣らすとともに、本当に勤務できそうかどうか試してみる期間ともなります。まだ病状的に復帰が早すぎる場合もあります。主治医と相談のうえ、適切な復帰時期を考える助けともなります。

ある日突然職場にフルで勤務するというのは、誰にとってもハードルが高いものです。多くの方にとってプレ出勤は有効ですが、学級崩壊を起こした該当クラスしか復帰するポストがないとか、特定の人（生徒、保護者、同僚、管理職など）と激しくもめたなどのケースでは、該当校へのプレ出勤はかえってよくないことがあります。

そういった場合、教育センターでの慣らし勤務や、場所は学校だけれども土日のプレ出勤などが、役に立つ場合があります。

6 復帰直後のフォローアップ

職場に復帰した後は、復帰直後をサポートする「フォローアップププログラム」があります（2014年度〜）。

目的は、①参加者どうしの交流を通じて、復帰直後の働き方をふり返る、②再休業を防止する手がかりを得る、の2点です。復帰1年以内の兵庫県公立学校正規教員であれば、登録手続きをすれば誰でも受けられます。２０１５年からは神戸市の教員も受けられます。

4月〜7月、2週に一度、金曜日の午後2時〜5時に実施しています。教育委員会との提携で、職務専念義務免除（職専免）で参加できるようにしたら復帰直後のサポートになるだろうと話しあい、実現することができました。

参加者は、まずここ2週間の働き方について、シート記入でふり返ります。バーンアウト（燃え尽き）尺度、回によっては精神健康度チェックなども記入してもらい、現在の症状や消耗感などについて自覚していきます。

円形に座って、シート記入が済んだ参加者から、今の勤務状況、ストレスに感じる点、睡眠の状態などを中心に、一人ずつ拝見して2人のスタッフが軽くお話をうかがったり、コメントを返したりしています。睡眠の不具合があり、主治医に相談に行くほうがよい方には、その旨お伝えします。

参加者はその間も、隣どうしで話したり、スタッフと話をしている方の話をそっと聞いたりしています。自分の身体を大事にしようという温かな雰囲気が流れているようです。

その後、復帰直後の方どうし、交流する話しあいの会をもちます。そこでは、おたがい復帰直後の職場の様子や今の心境などを語ります。回数を重ねるなかで、予想以上の交流があり、たがいに愚痴や弱音も含めて吐露《とろ》したり、聞いたり、アドバイスしあったりというように、人どうしがふれあう会となりました。

「人前で弱音を吐いて、聞いてもらえた感じを初めて得た。泣きそうになった」「自分が職場で悩んでいたことに対して、びっくりするような解決方法を何人もが教えてくれて、気が楽になった」という方もいました。

2週に一度のプログラムに来て、参加者やスタッフと話をすることで、現場の慌ただしい雰囲気にのまれて無理をしすぎている自分に気づき、「こういうところに気をつけて勤務しよう」と思いなおすようです。復帰直後は、質のよい睡眠をとることがいちばん重要なことのひとつなのですが、勤務に慣れてきた6月頃には、多くの参加者の就寝時間が深夜0時を越えており、プログラムに参加して働き方を見なおし、その日のうちに寝られるように勤務の仕方を変えたということがありました。

復帰直後は、1年間は担任やクラブ主顧問を外す、校務分掌《ぶんしょう》の長を外す、できるだけ定時に帰宅させるなどの配慮をもらうことが多いのですが、配慮をもらえるうれしさと、やりがいとは一致しないことが多いです。軽減してもらったぶん、身体は楽になり睡眠確保ができて、病状は安定します。一方、今までのように頼りにされるやりがいは、かなり減ります。申し訳なさとおもしろくなさに耐えながら、身体のため、「とにかく1年間、毎日職場に行って授業をこなそう」という目標をもつ方がほとんどです。そういった心情もおたがいに吐露しながら、共感してもらえるというのが、一人ではできないよさのようです。

参加者におこなった満足度アンケートは、全くよくなかった（1）〜大変よかった（5）の5件法で毎回4以上であり、特に復帰者どうしの交流会について、最終回は4・6点でした。「2週間に一度、ここに来て皆さんと交流してほっとする」「いろんなアドバイスがもらえて気が楽になる」などおっしゃっていました。この期間中、登録して来ていた方（13名）の再休業はありませんでした。

いちばん再休業の危険の高い1学期のみのフォローアッププログラムですので、終了時には「1年間を通じてサポートしてほしい」という声がたくさん聞かれました。兵庫県教育委員会からの委託事業であり、予算やスタッフの制約で、今は2学期以降のサポートはできないでいます。その後の追跡調査によれば、いろいろな行事が一段落する10月末には、2名の再休業者が出たそうです。

フォローアッププログラムに来なかった方々の再休業率はわかりませんから、13分の2が多いのか少ないのかはわかりません。1名の再発もなく勤務いただけたらと思いつつ、今後のプログラムや日程などを検討しています。

7 メンタルヘルスアドバイザーなど

休業中の教員やその該当校には、教職経験者（主として退職校長）と臨床心理士から成る「メンタルヘルスアドバイザー」を派遣し、主に学校内の環境調整に尽力《じんりょく》しています。

該当校の校長先生からは、最初は警戒されることもあったようですが、療養者を抱えたことのある退職校長が話を聞いてくれ、学校として最低限すべきことの相談に乗ってくれるという実感がもてると、利用されるケースが増えました。

並行して、臨床心理士が療養者と面談をします。プレ出勤中や復帰後の働き方について、学校事情と本人の状態をすりあわせて調整する、橋渡し役として機能しています。

また、復職後には、「サポート教員制度」により、3カ月間、復帰した教員をヘルプする形で勤務する講師を配置していました（予算の関係で、2014年度からはメンタルヘルスの別事業に変わったようです）。

兵庫県ではこのようなサポート体制が、10年以上かけて整えられてきましたが、どの事業も最初は手探りでした。

療養者と学校との橋渡し役となるメンタルヘルスケア・アドバイザーは、8年ほど前に発足した当初、臨床心理士とのペアではなく、12名の元校長のみで構成されていました。

その多くが、メンタルヘルスの問題で休業した教員への対応を経験した方でした。学校事情をよく知っての対応はさすがです。しかしそうはいっても、校長として1事例を経験しただけで、メンタルヘルスの専門家になれるわけではありません。

学校訪問では、訪問先の校長先生に、教育委員会からの人が来たと警戒され、本音の話をしてもらえないことも多かったそうです。何度か通ううちにようやく、見張りに来ているのでないことが伝わり、孤独な校長の力になれたというアドバイザーもいました。

療養者に会うことになっても、最初から適切な対応ができるわけではありませんでした。悩みながら、訪問目的をはっきりさせたほうが受け入れがいいかもしれないと考え、「監視ではなくサポートに来たのだ」「守秘義務は守る」などのことを書いた紹介チラシをつくって訪問したり、手間がかかりリスクもあるメール対応を試みたり、本当に工夫をなさっていました。

導入初期のアドバイザーの元校長先生たちとは、研修を含めていろいろやりとりをさせていただきましたが、こう言っては怒られますが、最初の研修のときにはどうなるかと思いました。最低限のメンタルヘルス上の知識をお知らせし、話を聞くときのロールプレイ練習をした折にも、悪気なく「上から目線」の対応をされた方もありました。療養者を訪問した設定で、「俺は時間がないなか、来たんだ。」「なぜ休業したのか、すべて話すように。そのまま校長先生に伝えてあげるから」とおっしゃったときには、びっくりしました。その療養者は、校長との折り合いが悪かった設定でしたので、療養者役は怒って、「帰ってくれ。何をしに来たんだ。校長のスパイじゃないか！」ということになりました。

話をしてもらえる関係になるまでが大変なのだ、休業理由を話せる人はかなり回復段階にある、などを理解されたのは、その後でした。その元校長先生は、メンタルヘルスの対応に真剣に悩んできた方で、悪気はないのです。どう対応すればいいのかがわからなかっただけでした。不安のあまり「上から目線」な言葉になってしまったけれど、もっと適切な言い方はないものかと、その後もずいぶん悩まれました。

そして1年間、いろいろなケースに当たり、失敗もして、素敵なサポーターに変身しました。メンタルヘルスはもともとのご専門ではないのに、頭が下がる思いです。

その後、アドバイザーは、雇用形態の問題で人が入れ替わり、何年か前から退職校長と臨床心理士のペアとして雇用されています。当初からの経験の蓄積は受け継がれているようで、兵庫県ではこの制度が認知され、有効活用する学校が増えました。

3

効果的な対処とは?
——いろいろな事例から考える

次章以降では、教員のメンタルヘルス維持のために、またメンタルヘルス不全による療養や職場復帰の際に、本人・家族・管理職・同僚に気をつけていただきたいことを解説します。その前に本章では、教員によく見られるいろいろな事例を参考に、効果的な対処、そうでない対処について考えてみましょう。

1　多忙と孤独感でダウンしたケース

Aさん（50代男性　診断：双極性障害、アルコール依存症）

〈状　況〉

- よくできる英語教員として、生徒や保護者、同僚、管理職からの信頼も厚く、山岳部主顧問としても輝かしい業績をあげた。結果、学校だけでなく地域での役割も増えた。
- 望まない人事異動と、希望しない校務分掌《ぶんしょう》に配置されたストレスから、大量飲酒するようになった。
- 仕事は断らず、弱音も吐けないまま、たくさんを抱え込んだ。そのうち、ストレスが高じてさらに酒量が増え、アルコール依存症の診断を受けた。

●自宅療養中に何度も断酒に失敗したが、専門病院への入院で断酒に成功した。通院とA・A会（アルコール依存症者どうしの支えあいの会）を続けながら、断酒を継続。

●当院で職場復帰トレーニングに参加。現場でのプレ出勤を経て、勤続中。

〈よかったこと〉

●再発防止のため、校長が主治医と面談をしてくれ、思い切って1年の長期療養をとれたのが効果的であった。

●妻の理解が得られたのが幸いした。

●職場復帰トレーニング参加を通じて、弱みを見せられる仲間を得た。

●病気に対する理解（どういう気持ちになって発病しやすいか）がもてた。

職場復帰トレーニングを卒業後、7年になりますが、Aさんは今も元気に勤務しています。自分は何かしら人に認めてもらいたがる面が強くて、仕事をとりにいくような形で働いてきたため、家族も顧《かえり》みなかった。むしろ家族には八つ当たりをしていた。家族にも他人にも、自分の弱い面を見せられなかったと言います。

断酒が続いたある時点で、病気になった自分を見捨てずにいる家族を感じたことで、家族に感謝する気持ちが生まれました。そして謝罪したことをきっかけに、家族とも話ができるようになり、弱い面を見せられるようになりました。職場でも、「いい人」であり続けようとするのはあきらめて、キャパシティを超えてできないことは断れるようになったそうです。そういう意味で、自分の特性をよく把握できたことがよかったケースと言えます。

断酒の入院治療、その後の専門クリニックへの毎日通院と配偶者同伴のカウンセリングなどの医療サポートが功を奏し、病状軽快したところで、職場復帰トレーニングに参加しました。職場復帰支援プログラムでのサポートが、タイミング的にもうまく働いたようです。

プログラム参加時も、周囲に気をつかって、先回りして人の世話ばかりしていました。仕事をとりにいっていたAさんの姿がここでも見られました。回数を重ねるごとに、自分は本当にこういうあり方でいいのか、周囲に気をつかって自分で引き受けて疲れていては、前と一緒じゃないか、自分を出してみても悪くないのかな、と思うようになりました。

最後のほうでは、「弱音は人に見せないできたが、たまには愚痴を言ってもいいよなぁ」と言い、他の参加者と一緒に、たがいへの違和感を口にしたり、怒りを表明したりするような場面もありました。自分の感情を率直に表すようになってから、元気になっていったようでした。

そして、自分の経験が他の方々の役に立つなら、事例として話してほしいと言ってくださっています。今も時折、旅行に行ったときなどの写真を送ってくださいますが、よい表情をしておられます。

2 管理職との関係に悩みダウンしたケース

Bさん（50代女性　診断：うつ状態）

〈状　況〉

- 生徒指導の方法をめぐって、校長の指導・助言に納得ができず、悩み苦しみ続けた。
- 家庭で要介護者を抱えていたことによる心労も重なり、療養に入った。
- 校長に努力を認められず、校長との人間関係が築けていなかった。
- 療養に入ってから、校長に手紙を出して心情を訴えた。しかし無視され続けたことで、校長不信・人間不信につながっていった。
- 校長が異動になり、新しい校長と関係をつくることができて、プレ出勤をして意欲をもった。復帰できる状態に回復したが、介護の問題が大きくなった時期と重なり、退職を選んだ。

〈よかったこと〉

●校長が異動したことをきっかけに、教頭が間に入り、新校長との関係を築いていき、プレ出勤まで実施した。

●学校現場・管理職への不信感が解けた時期に、自分で教職を辞める決心をすることができ、人生上の悔いが残らなかった。

Bさんは、生徒指導の矢面《やおもて》に立って疲弊している時期に、管理職と方針などで食い違い、労《ねぎら》われるどころか、がんばっていることすら認めてもらえなくて、へばってしまったそうです。転勤2年目であり、それほど親しい同僚もいなくて、相談する相手がほとんどなかったことも一因だと思われます。近年、現場は50代と20代とに二極化しており、転勤直後のベテラン組には、弱音を吐ける年齢層の仲間がいないことがよくあります。

学校や地域によって、「当たり前」なことも物事のやり方もさまざまなので、転勤後は環境に順応していくだけでも大変です。しかも、「これくらい、できて当然だよね」と思われているると思うと、知らず知らずプレッシャーがあり、若い人には聞けなかったとも言っていました。

孤軍奮闘する形で、よかれと思って自分なりに熱心な指導をしたけれど、労われず否定され続けたそうです。おそらく、管理職の方針や、その学校での「当たり前」と合わなかったのだと思われますが、「そういう考え方もあるよね」といったんは認めてもらえないことが続くと、対人サービス業に就《つ》いている人は容易に燃え尽きることがあります。

　加えて、家での介護の問題を抱えていたために、あまり睡眠時間がとれず、悪いほうへ考えがちになり、気持ちも身体も重くなっていったとのことでした。

　よかったのは、休業してよくなり始めた頃に、発症時の状況を知っていた教頭先生が、校長の異動を機に仕切り直しをしてくれたことです。新校長も協力的であり、手紙を出すところから関係をつくってくれたそうです。

　病状がよくなってきたBさんは、悩んだ末に介護を選び、教職は辞める結果となりました。しかし、学校現場への思いは悪くない状態で、その後の人生を選ぶことができました。

3　転勤後1～2年以内にダウンしたケース

Cさん（40代男性　診断：うつ病）

〈状　況〉

●担任クラスで、子どもどうしのケンカが起こり、保護者対応に苦慮した。
●転勤して間もなくであり、学年の先生に相談するも、具体的に助けてもらえなかった。
●保護者どうしがもめて、「担任を変えろ！」などとののしられたとき、管理職にかばってもらえなかった。後でのフォローもなかった。
●同僚に関わってもらえないことで、孤独感・孤立感でいっぱいになった。
●転勤して間もなくであり、40代の「できる」男性が来てくれたと過信され、周囲からの配慮が足らなかった。
●管理職にも相談したが、管理職は本人ならやれると、軽く見過ごしてしまった。
●休業して、薬物治療とともに、カウンセリングで気持ちの整理をし、該当学年が卒業するのを待って復帰した。

〈よかったこと〉
●元気になり始めた頃、管理職はていねいに話を聞いた。そこから職場復帰トレーニングへつながった。
●療養後は、薬物療法だけでなく、適切な時期にカウンセリングを併用したため、気持ちの整理がついた。

●家族の支えが得られていた。

〈読者へのアドバイス〉

●転勤1～2年目は、今まで以上の仕事を引き受けない。質のよい睡眠をとるようにする。
●転勤先では、話のできそうな人をまず探す。
●異動直後の同僚には、つとめて声をかける。

転勤1～2年以内にダウンするケースは、非常に多いです。

転勤後は、業務連絡はできても、なにげない日常会話のできる関係を失っています。意外とこれはこたえるものです。

また、中堅以上の教職員には、「これぐらいはできないと」「期待されているんだから」というプレッシャーや、「周りを見回したら、自分が動くしかない」というプライドが加わることも多く、弱音を吐くどころではありません。近年では、20代と50代しかいないという学校も多く、50代として赴任すると、いきなり主任として、新任と講師とともに学年を組まれることが多いです。誰に愚痴を言ったらいいのかわからないままに、仕事をこなしていかなければなりません。

Cさんは、授業もすばらしく、人柄も明るく、素敵な先生です。そして、誰でも陥《おちい》りうる異動のストレスによってダウンした人です。年齢を重ねてからの転勤は、新しい環境に慣れるのにこれまで以上の疲労をともなうことを覚えておいてください。

転勤1年目は、それだけで変化が大きいですから、今まで以上の仕事を引き受けない、質のよい睡眠をしっかりとる、などを心がけます。また、周囲は、転勤1～2年目の教職員には、つとめて声をかけてあげてくださいね。

4　新任2年目でダウンしたケース

Dさん（20代女性　診断：適応障害）

〈状　況〉

- 新任2年目に、新任1年目、講師、学年主任とで学年を組んだ。
- 「2年目だから、あなたはできるわよね」という雰囲気を感じすぎてしまい、自分は一人でできなければいけないと、自分を追い込んでいった。

●前年にお世話になった初任者担当が転勤して、相談できる環境が急になくなり、何をどうすればよいかわからなくなっていた。
●相談相手がいなくなった途端、落ち着いて勤務することが難しくなった。
●学年配置が厳しいものであった（本人が「この学年だけは勘弁してほしい」と伝えていた学年に、主任を支える役割として配置された）。
●子どもどうしのトラブルが絶えない状態になった。
●ただただ、大声でクラスの子どもたちに注意をするが、空回りするばかりであった。
●不眠、頭痛、吐き気とともに、朝起きられなくなり受診、療養に入った。

〈よかったこと〉

●受診に至ってから、管理職は本人の負担を認め、本人を労った。
●療養のうえ、職場復帰トレーニングに参加。仲間を得て、「やってみよう」という気持ちになった。
●半年間という長めのプレ出勤をしながら、教員として必要な多くのことを自然と身につけていった。教育センターの退職校長が、よく面倒をみてくれた。
●新年度から担任外での復職となり、3カ月伴走してくれるサポート教員も得た。

新任2年目は、まだまだ不安な時期であり、相談できる同僚がいなくなっただけでパニック状態になる若い教員も珍しくないです。

学年団によっては、「それぞれ自分でやりましょう」という方針をとっていたり、この学年のように、人員不足により主任が新任と講師のフォローをしている間に新任2年目が取り残され、混乱していたり、といったこともありえます。

Dさんの場合、担当学年が、不安だからそこだけは外してほしいとお願いしていた小学校1年生だったことも、保護者の不安や期待に応えなくてはといった極度のプレッシャーを抱えた一因でした。子どもに、まず椅子にじっと座るところから教えるなど、思ってもみなかったとのことでした。新学期に大量にあるプリント類も、一種類ずつ列ごとに子どもの数だけ配っていかないと、落としたり、もらっていない子がいたりで混乱するとは思ってもみず、プリント配布だけで大騒ぎの初日が終わったそうです。翌日以降、保護者からクレームの嵐だったことは言うまでもないです。

Dさんは、職場復帰トレーニングの初期には、「なんで私がこんな目に」といった被害感を述べていましたが、模擬授業をすると、力量ある素敵な授業でした。その頃から、表情がゆるみ始めて、年配の参加者ともよい距離感の交流をするようになりました。

その後、校長の理解のもと、半年のプレ出勤を経て経験を積んで、復帰1年目は担任外、翌年度に担任をもつという配慮を得て、今も元気に勤務しています。

なお、この校長は新任校長であり、新任者を4月に療養に追い込んだということで、校長会の代表から叱責《しっせき》を受けたそうです。新任校長としてがんばろうと思った矢先、事情を聞かれる時間もないまま「不出来な校長」のレッテルを貼られたと、涙していました。校長が孤独というのは、相談先がなかったというこのケースからもよくわかると思います。

この校長先生の場合、先輩校長が見かねて私のところにメンタルヘルス相談に紹介してこられました。その後の立ちなおりと、療養者へのフォローはみごとでした。

5 生徒指導でダウンしたケース

Eさん（30代前半男性　診断：うつ病）

〈状　況〉

● 数年間、中学校に勤務した後、他の都道府県への転勤をした。
● 転勤先の中学では、生徒の雰囲気が全く違った。生徒に、話せば通じるという雰囲気がなく、変にしらーっとしていた。無視は当たり前。「死ね」「キモイ」「キショー」などが飛び交う日々だった。

●配属された学年団の学年主任は、もめごとが嫌いな放任主義の人であった。管理職も、労ってくれず、「次々やってしまいなさい」というタイプの人だった。

●そんななか、暴力事件が起こった。加害生徒群（うち1名を担任していた）と保護者は非を認めず、被害生徒と保護者はおびえ、学校の安全保持と事件対応に日々追われた。

●主任は、「そっちでやっといて」と言い、対応が困難で、同学年の同僚と苦労した。自分自身も、不安にかられたり、不眠になったり、徐々に心身の不調をきたしていた。

●なんとか学年末まで生徒を守ろうと決心し、勤務した。事態は収まるところに収まったが、1年を乗り切った年度末の会議でも、管理職からの言葉はあいかわらず、労いのないものであった。

●緊張の糸が切れて、涙が止まらなくなり、不眠、不安症状、意欲低下が現れ、朝起きられなくなり受診、休業。

●うつ症状がよくなった頃、メンタルヘルス相談を通じて、当院へアクセスした。

〈よかったこと〉

●個人カウンセリングを開始し、職場でのトラウマ的な事件について気持ちを整理していった。
●自責感が減って元気になり、転勤して復職を果たした。
●管理職が休業時から変わり、新しい管理職は、Eさんが事件後に精力的に奔走して疲弊したことを労い、転勤できるよう教育委員会との相談を重ねた。
●家族の支えがしっかりしていた。

〈読者へのアドバイス〉
●暴力事件に関わった場合、自分の予想以上に疲弊していることが多い。
●長期にわたるフラッシュバック、恐怖感、意欲低下がある場合は、専門家の手を借りる。

生徒指導が困難を極める場合、同僚どうしの支えあいや学校体制の整備、管理職のリーダーシップと職員への労いは必須です。

そして、深刻な暴力事件などの場合、警察、弁護士、子ども家庭センターなど外部機関との連携が必要なケースも多いです。学内での生徒指導、対外的な情報管理を誰がするのかなど役割分担も大切で、各教育委員会がもつ専門家集団による学校問題対策チームへの相談も必要と思われます。管理職がためらわずに連携を進めて、学校全体が疲弊しきってしまわないように事を進めなければならないでしょう。

学校の体制づくりがうまくいっていなかったうえ、Eさんは問題になんとか対処しようとして主任や管理職を頼りにしましたが、それが充分に叶いませんでした。真剣な言葉も、生徒にはしら〜っとしか伝わらず、受けとめられた感じがなくて、より傷ついたそうです。

そして、がんばっているのに自分を責め、「精一杯やっているのに理不尽だ」という感情は押し殺されました。かねてからの疲労もピークに達し、不眠、不安感などが一気に押し寄せてダウンしました。

よほどの事柄があった場合には、病状が落ち着いてからも、あった出来事を語るのは容易ではないです。トラウマのようになっている出来事については、むやみに語らせるのもよくないことがあります。カウンセリングでは、いきなりトラウマを語るのではなく、強い自責感の背後にある、「役割を果たしてくれない主任や管理職に対しての強い失望や怒り」について気づいていきました。自分の本当の気持ちを語れるようになると、元気になっていきました。

6 保護者対応でメンタル不全になりかけたケース

Fさん（20代後半女性）

〈状況〉

●中学校のクラス担任として、やんちゃなグループへの関わり方も工夫して、日々奮闘しながら、不登校の生徒も複数抱えていた。

●毎日7時前に出勤し、セコムを解除。教材研究をした後、部活動（バスケ部の主顧問）の朝練習を見て、授業やクラス対応。放課後は生徒指導や部活指導、家庭訪問に追われ、精一杯がんばっていた。

●担任クラスにて、グループのリーダー的存在の女生徒が、少々暴走して周囲に服従を強《し》いたりいじわるをしたりするので、グループから敬遠され気味になった。

●保護者会に女生徒の保護者が出席し、「不登校の生徒がいるからクラスの雰囲気が悪いのではないか」「先生のせいで、不登校の子が学校に来られないんでしょ」と、一方的にFさんを責め始めた。わが子の行き過ぎから友だちに敬遠され始めたので仲を保ってほしい、というお願いではなく、わが子は悪くなくて先生が悪いという主張であった。

●Fさんは、「話せばわかるはず」と誠実に対応し、うまく事を収拾《しゅうしゅう》できない自分を責めた。

●保護者の執拗《しつよう》ないいがかりに、あわやつぶれそうになる寸前で、他の保護者が見かねて「先生はがんばっておられると思います」と皆の前でフォローしてくれたので、糾弾《きゅうだん》会の色合いが失《う》せ、Fさんはなんとか勤務を続けている。

●分《ぶ》の悪くなった保護者は、その後、他の保護者のいる保護者会には出ず、矛先《ほこさき》を管理職に変えて訴えをくり返し、わが子を正当化しようとした。

〈よかったこと〉

●教員が他の保護者からの信頼を得ており、助け舟を出してもらえた。

こういうタイプの保護者は、わが子から話を直接聞いて痛みを共にして一緒に今後を考えるのではなく、「子どものために学校に訴える」やり方にすりかえることで、子どものために何かをしている満足を得るようです。

また、親としての至らなさを考えるのでなく、学校が悪いことにして、自分の弱さを見ることができないようです。いろいろな事情を抱えているのだと思いますが、未熟なパーソナリティを抱えた親という見方もできます。

熱心なFさんは、誠実さを逆手にとられた形となりました。誠実だったからこそ他の保護者が助け船を出してくれたケースですが、管理職・同僚に早めに相談しないと、紙一重《かみひとえ》でダウンしていたと思われます。

教員は、このような保護者の「問題のすりかえ」に気づき、保護者はともかく、児童・生徒本人と話をできるルートを見つけたいものです。もちろん、このような保護者は、自分の不安のあまり、執拗に教員を責めてきますから、教員側に余裕のないときは、同僚や管理職と共に問題にあたり、抱え込みすぎないようにすることが大切です。

また、たいていの方は「話せばわかる」方ですが、この世の中には「話してもわからない」方もいるのだと心得ておくことも、教員のメンタルヘルスを守るうえで必要です。

少々極端な例として、お金に困ってもいないのに、校長が家に取りに来ないと給食費を払わない保護者が多い地域があります。ある地域の校長会では、何パーセント取り立てに成功したかが話題になるという、信じがたい実情もあります。いわば無銭飲食ですが、学校という敷地のなかでは違法がまかり通り、対応する側が苦労するというおかしなことが起こる場合があります。「ここまではする、ここからはしない」の線引きをすることが第一歩かもしれません。

本書の付録で、保護者対応のポイントを紹介します。

7　まとめ

さまざまな事例からわかることをまとめます。

発病・再発について

●転勤が発病のきっかけとなることが多い。
●管理職・同僚にしっかり話を聞いてもらい、関わってもらっている実感がある場合は、ダウンしにくい。
●愚痴・相談ができない環境になると、やられやすい。
●新任2年目ぐらいまでは、相談できる同僚や管理職などが特に必要。
●一人に仕事を集中させず、まめに声かけを。
●睡眠がとれていないと、容易に再発する。
●近親者を失った後は、発病しやすい。

療養中の対応（主に管理職がおこなうことの基本。くわしくは後で解説します）

●療養に入るときに、本人の了解を得て主治医と連携をとっておくと、うまくいくケースが多い。

●元気になるまでは、連絡は家族を通してでもよい。この点も最初に確認をしておくとよい。元気になってきたら、診断書の受け渡し等を通じて、徐々に本人とコンタクトを。

●職場復帰を考えられる状態になったら、職場復帰を支援する情報を提供する（職場復帰支援事業、リワーク、慣らし出勤など）。

職場復帰に際して

●本当に復帰してほしい教員には、「3年かけて元に戻る」（復帰3年目に担任や部活動主顧問など元の業務ができる）くらいのイメージで、必要な業務上の配慮をするとスムーズにいく。

●主任などのキー・パーソンには、本人の了解を得て事情を話しておく。

●全体職員会議への本人の参加は、必要に応じて軽減を。

●職場復帰支援事業や慣らし出勤が有効なことが多い。

●通院・服薬が大事。本人は勝手にやめないように。

●周囲は飲みに誘わない。

4

メンタルヘルスを維持するために
──予防から受診の判断まで

本章と次章では、教員がメンタルヘルスを維持するためのポイントや、ダウンした場合の対処法を見ていきます。

メンタルヘルス対策は、段階に応じた対応がポイントです。

1　予防
2　受診の検討
3　不調を訴える職員が出た時の対応
4　通院・治療。療養中の対応
5　慣らし出勤（プレ出勤）
6　復職
7　再発防止

以上の、少なくとも7つの段階において、本人、家族、管理職や同僚のそれぞれが気をつけること、知っておくと効果的なことなどについて解説します。

本章で1〜3を、次章で4〜7を扱います。

1 予防

ストレスサイン

ストレスを上手にコントロールするために、まず大切なのは、ストレスに気づくことです。

こんなサインを発している人はいませんか?

- 欠勤、遅刻、早退が目立つ。
- 身体の調子が悪いという訴えが頻繁になった。
- よく眠れないと訴える。
- 服装がだらしなくなった。
- 些細なことで怒りっぽくなった。
- 終始何かを考え、セカセカ・イライラしている。
- 消費が多くなり、借金をするようになった。

当てはまる項目が、ご自分にあったでしょうか? 周囲の方にあったでしょうか?
ストレスがかかっている本人の自覚よりも、周囲からこういったサインが見てとれることが先ということがあります。実は、ストレスがかかっていることに気づかない人が多いのです。ストレスは、単に悪いものではないので、全く失くすことをめざすと、かえってそれがストレスとなりかねません。成長し続ける人間として適度に取り入れるという考え方が適切と思われます。そして、自分にどのくらいのストレスがかかっているかを自覚することが、メンタルヘルスを保つうえで大事です。

人間はよくできていて、完全にへばってしまう前に、人によってそれぞれ「ストレスサイン」というものが出ます。ストレスサインは、「これが出たら注意して、睡眠や休養をとって過ごす」という目安になります。

いろいろなストレスサイン

〈身体に出るタイプ〉

本態性高血圧症、神経性狭心症、慢性胃炎、食欲不振、気管支喘息《ぜんそく》、偏頭痛、神経性頻尿、神経性皮膚炎（じんましん）、メニエル病、眼精疲労、疲れやすさ、肩こり、胃腸の不調など。

〈心に出るタイプ〉

全般性不安障害、強迫神経症、不眠、慢性疲労感、怒りっぽさ、イライラなど。

〈嗜癖《しへき》・行動に出るタイプ〉

能率低下、集中困難、不適応行動、無断欠勤、パチンコや買い物の頻度や額が増える、タバコ・酒・コーヒーなど嗜好品の量が増えるなど。

〈認知・行動障害〉

ミスが多い、ぼんやりしている、同じことをくり返し考える、誤解が増える、考え方の歪み（偏り）が大きくなる、1つうまくいかないと次もダメだと思い込む、決断できないなど。

私自身のストレスサインは、便通が悪くなる、肩こり、かなり進むといわゆる突発性難聴になり耳が聞こえにくくなることもありました（臨床心理士は話を聞くことが仕事ですから、致命傷です）。身体に出やすいタイプと言えます。

人によって、身体に出やすい方、心に出やすい方、嗜癖・行動に出やすい方、認知の歪みが大きくなる方がいます。これが出たら要注意と自覚して、まずは1日でいいですから、溜まった仕事や家事などをいったん棚上げして、休養をとることが大切です。

ストレスチェック

自分の状況を客観的に知るために、「ストレスチェック」を利用するのはいいことだと思います。最近では、ウェブでも公開されており、ポチポチッと押していけば、すぐに自分の状態の目安がわかるようになっているものもあります。

教職員の場合、「周囲もがんばっているから、このぐらいでしんどいなどと言ってはいけない」という真面目な方が多いです。そして、その周囲ごと皆、メンタルヘルス上「黄色信号」だったというのをよく見かけます。

そのため、一般勤労者と比較できるストレス尺度を利用してみましょう。「心の健康チェックシート」（SRQ-D）をやってみてください。

このチェックシートでは、気分の落ち込みや、うつ状態かどうかを判定できます。

それぞれの答えについて、

「いいえ」＝0点
「時々」＝1点
「しばしば」＝2点
「常に」＝3点

として、合計点を計算してください。

心の健康チェックシート（SRQ-D）

	質問事項	いいえ（0点）	時　々（1点）	しばしば（2点）	常　に（3点）	点数
1	身体がだるく疲れやすいですか					
2	騒音が気になりますか					
3	最近気が沈んだり気が重くなることがありますか					
4	音楽を聞いて楽しいですか					
5	朝のうち特に無気力ですか					
6	議論に熱中できますか					
7	首すじや肩がこって仕方がないですか					
8	頭痛持ちですか					
9	眠れないで朝早く目覚めることがありますか					
10	事故やケガをしやすいですか					
11	食事が進まず味がないですか					
12	テレビを見て楽しいですか					
13	息がつまって胸苦しくなることがありますか					
14	のどの奥に物がつかえている感じがしますか					
15	自分の人生がつまらなく感じますか					
16	仕事の能率があがらず何をするのもおっくうですか					
17	以前にも現在と似た症状がありましたか					
18	本来は仕事熱心で几帳面ですか					
					合計	

ただし、質問2、4、6、8、10、12の点は加算しないでください。

結果の目安は、次のとおりです。

●合計10点以下は、健康（青信号）

●合計11～15点は、半健康状態（黄色信号）

●合計16点以上は、うつ状態の疑い（赤信号）

青信号および黄色信号の方は、まずはぐっすり眠れる時間をもつよう心がけましょう。精神健康を保つ手がかりとなります。

そして、「ただの人」に戻る時間をもちましょう。職業人としての顔を離れて、家族や友人との交流をもつ、趣味に没頭する、ただひたすら寝るなど、ご自分がやって苦でないことをするのも効果的です。かえってストレスにならない範囲で。

赤信号の方、疲れているのにぐっすり眠れない方は、専門医の受診をおすすめします。気晴らしのつもりで何かをしても、気晴らしにならないかもしれません。

ストレス解消

ストレスを自覚したら、比較的元気なうちは、「発散」を心がけます。

発散法は、人によってまちまちです。部屋の隅でぼーっとしているのがいい、部屋でひたすら寝るのがいい、しゃべりたおすのがいい、など、本人が疲れずにできることをいくつかもっておくのが有効です。

ただし、かなりへばっているなぁと感じたら、積極的なストレス解消法を用いて動きまわるのではなく、消極的（休養型）ストレス解消法を主として、質のよい睡眠をとる、休憩をこまめに入れるのが効果的です。

一般的に、多少余裕があるうちに効果があるとされているものを挙げておきます（宗像恒次ほか『燃えつき症候群――医師・看護婦・教師のメンタル・ヘルス』金剛出版、１９８８年）。

ストレスへの対処

- □信頼できる人に相談する。
- □それを人に話し、わかってもらう。
- □友人に助言を求めたり、助けてもらう。
- □人から問題解決の手がかりを求める。
- □気分転換のため、軽い運動をする。
- □見通しを得るために、しばらく離れてみる。
- □それをやり終えたとき、自分に何か褒美《ほうび》をあげる。

□「それはあまり心配するほどのものではない」と決める。
□自分の不快な気分や怒りを人に知ってもらう。
□いろいろ考え、その状況の見方や自分の考え方を変えてみる。
□新しいことに取り組む前に、見通しや計画を立ててみる。
□仕事が多すぎたり、忙しすぎたりすれば、そのことを人に伝える。

自分の場合をふりかえって、「そうである=1点」「そうでない=0点」としたとき、合計6点以下の人は、効果的な対処行動がうまくないと言われています。

ストレス対処法は、そのときの本人のキャパシティや状態によって、何がよいか変わりますから、あくまで目安にしてくださいね。本当にへばってしまってからは、とにかく一時避難をして、睡眠や休養をとることが大切ですから、右の対処法は参考にしないでください。

メンタルヘルス対策で難しいのが、自分が今どれだけストレスにやられやすいかを知り、その段階に応じた対処法をとることです。ダウンしかかっていても、「逃げたことになるから！」といって、睡眠や休養をとらない方がいます。客観的にチェックシートをおこなったり、メンタルヘルス相談、健康相談などを活用したりして、自分の状態を知り、今の状況に合った対処法をとってください。

2 受診の目安

ぐっすり眠れているか

さて、先ほどは、まだ余裕がある段階でのストレス発散法についてお話ししました。万一、余裕がなくなったら？　ストレス発散が発散にならないときは、どうすればいいでしょうか？　何をおいても、ぐっすりと眠ることです。心身の健康は、質のよい睡眠からつくられます。ただ、ひとくちに睡眠といっても、自分がぐっすり眠れていないことに気づいていない方もたくさんいます。メンタルヘルスを守るには、「異変に気づく」ことが重要です。部下のお世話ばかりでなく、ぜひストレスサインなど自分の心身の異変にも気を配ってくださいね。

ストレスサインが出たり、まずいかなと感じたりしたら、とにかくすべてをおいてぐっすり眠ることが、メンタルヘルス維持のポイントです。質のよい睡眠が、最大の予防であり治療であると言っても過言ではありません。以下に、眠れているか、大ざっぱな目安をお知らせします。

ぐっすり眠れていない目安

□ 寝つきが悪い（1時間以上、寝つけない）。
□ 夜中に何度も目が覚める。
□ 朝早くに目が覚めて、その後、眠れない。
□ 寝た気がしない（時間的には寝ている、もしくは周囲から寝ているように見えても、本人に「寝たな」という実感があるかどうかが問題）。

1つでも当てはまり、2週間以上つらい思いをしているようでしたら、早めに近くの心療内科、精神科、メンタルクリニック等の受診を考えましょう。早めの受診が、こじらせないポイントです。

症状の例

もしかして病気かな？　という症状の目安についてもまとめておきます。

不調のあり方は、人によって症状や出方がまちまちなので、専門医に診てもらうのがいちばんです。ただ、心療内科の受診はちょっと……という教職員も多いのが実情で、躊躇《ちゅうちょ》している間にこじらせることが多いです。

教職員に多い①自律神経失調、②全般性不安障害、③うつ病について、受診の目安を紹介します（高石穣医師による）。いずれかの疾患に該当するかもしれないと思われる方で、一定期間以上日常生活に支障をきたしている場合、特に、休息によって改善しない、つらいのに眠れない場合は、専門医の受診を考えるのがよいかと思います。

① **自律神経失調**

□ 身体がだるい、疲れやすい。
□ 眠れない、眠った気がしない。
□ 動悸《どうき》がする。
□ 突然、血圧が上昇する。
□ 息苦しさ、酸素の足りない感じ。
□ ふらつき、ふわふわ感。
□ 身体に力が入る感じ、こわばり感。

＊ 日によって、また一日のうちでも、ひどくなったり、ましになったりします。
＊ 心理・社会的ストレスの他、体質が大きく影響します。

＊　寝不足、二日酔い、肉体疲労、ホルモンバランスの影響により発症する場合もあります。

② **全般性不安障害**

□ 何が不安かわからない、漠然《ばくぜん》とした不安感（浮動性不安）。
□ 居ても立ってもいられないような、落ち着かない感じ。
□ 緊張感、過敏さ。
□ 自律神経系の多彩な症状。
□ 集中力、作業能率の低下。

全般性不安障害は、浮動性不安（心配、懸念とは異なる）、落ち着かなさ、状況にそぐわない緊張感を主症状とし、呼吸困難感や動悸、冷や汗、疲れやすさなどの自律神経症状をともなう疾患です。しばしば心理・社会的ストレスや体調不良を誘因として発症します。

長期化すると、行動範囲の狭まりや、抑うつ・自信のなさが続き、人・物事・場所を避けるなどが強くなることがあります。自然に治らない場合は、早期に治療（薬物療法）を受けることが望まれます。

全般性不安障害のうちでも、特に突然の不安発作（パニック発作）が前景に立つものには、パニック障害の診断が付けられます。

③ うつ病

□★気分の落ち込み、悲しみ、厭世観《えんせい》（これまでの経験とは質的に異なる）。
□★何にも興味が湧かない、楽しめない。
□何事も悪いほうへ考え、堂々めぐりする。過去を後悔し、未来を悲観する。
□何事もおっくう、すぐいやになってしまう。
□頭が働かない、思考力・集中力の低下、物忘れを自覚する。
□話し方や動作のテンポが鈍い、または逆に落ち着かない。
　① 返答に時間がかかる、口数や行動が少ない。
　② 落ち着かない様子（貧乏ゆすり、じっとしていない、髪をいじる）。
□過剰な自責感、無価値感（自分はダメ、皆に迷惑をかけている）。
□希死念慮《きしねんりょ》（生きていても仕方がない、消えたい、死んだほうがまし）。
□不眠（特に中途覚醒《かくせい》、早朝覚醒、浅眠）。
□食欲低下、味覚鈍麻《どんま》（若年者などで過食、過眠になることもある）。

□　自律神経症状。

★を中心に右記の症状がいくつか（目安として5個以上）当てはまり、それらが数週間以上続く場合、うつ病の可能性を考えます。

うつ病に関与する要因としては、生まれつきの素因《そいん》、性格傾向、環境因（心理・社会的ストレス）が挙げられます。それぞれのケースによって、3つの要因がさまざまな割合で関与していると考えられます。

つらい出来事に対する単なる気分の落ち込みや悩み、身近な人を亡くしたときに当然起こる沈んだ反応との見きわめが必要です。

うつ病の症状は時に、一日のうちでもましな時間とそうでない時間が見られることがあります。典型的には朝が悪く、午後〜夕方にましになります。未治療で自然に治ることもありますが、一方でしばしば再発します。

うつ病の重症度と「よくなるかどうか」は必ずしも一致せず、むしろ軽症のまま未治療でこじらせたケース、職場・家庭・地域など所属している集団でうまくいかなくて発症したケースで、症状がよくなった後もうまく適応していけない傾向があります。

病気になりやすい原因としては、男性の場合は仕事（発症のピークは中高年）、女性では対人関係や家庭の問題に加えて出産や閉経など身体的条件（発症のピークは20歳代と50歳頃）が多いです。男女共通するものとしては、血縁者の病気や死、大きな不慮《ふりょ》の出来事、急激な負担の軽減（仕事が軽くなった、家事分担が大幅に減ったなど、人によっては喜ぶことも多い出来事）が挙げられます。

うつ状態に陥《おちい》ったとき、受診に至るまでの期間に理解しておいていただきたいことをまとめます。

うつ状態になったら

- うつ病は、頭のエネルギー切れともいえる状態であって、良くなるために必要なのは休養（最低限、ぐっすり眠れること）と治療です。ご本人が何か努力をすべきものではありません。
- 気晴らしを気晴らしと感じられない場合には、気晴らしも無意味、ないし状態を悪化させることがあります。
- 「生きていても意味がない、皆に迷惑をかけるだけ」という実感は、単なる「症状」にすぎません。
- 人生に関わる重大な判断は、良くなるまで延期しましょう。

3　不調を感じたら／不調を訴える職員が出たら

不調だなと感じたときに、まず本人ができることを挙げます。次に、不調を部下や同僚から相談されたときに、最低限できることを示します。

家族に不調な人が出たときには、受診が必要そうなら、予約などをとってあげ、ついて行ってあげるのが効果的です。ただし、本人が「ひとりじゃないと嫌だ」という場合には、その限りではありません。

受診が必要かどうかは、先ほどの受診の目安やチェックリストを参考にして、まずはメンタルヘルス相談や健康相談だけでも行くとよいと思います。本人が、病院へは行くけれど、心療内科は嫌だという場合には、心療内科・精神科・メンタルヘルス科のある総合病院を受診するのも手です。「物忘れ外来」でもいいので受診して、そこから適切な科に紹介してもらうようにすると、比較的受け入れやすいことがあります。

本人ができること

①　ぐっすり寝る

眠りたいのに眠れない、もしくは眠ったのに眠った気がしない状態が、受診の目安です。

② ストレス源からいったん遠ざかる

可能なものは遠ざけたほうが、回復が早いと思われます。ストレス源を遠ざけるのは無理だと思い込んでいる場合もあります。少しだけ勇気を出して、身近な人に話してみましょう。

③ 信頼できる人に、今のつらい状況や気持ちを打ち明ける

まとめて話そうと思わずに、できる範囲でいいですから、信頼できる人に今の状態や気持ちを話してみましょう。

やっとの思いで打ち明けたのに、「大丈夫、大丈夫!」と軽く流されてしまわないように、できれば、「黙って聞いてほしい」など、聞き方のリクエストをしてもいいと思います。ただ、聞き方のリクエストは、ふだんから し慣れていないと少々難しいかもしれません。

周囲の対応――基本的な注意

最初に相談をされたときに注意したいこととして、以下の5点があります。

2度目以降は、状況に合わせて変えてもいいです。

① 後回しにしない

まずは、「よく話してくれた」という気持ちを伝えます。

仕事などですぐに話を聞けないときには、何時頃なら時間がとれそうだとか、あるいは同僚や部下なら携帯の番号を教えて時間のめどを伝えます。

自分が話を聞けそうにないときは、管理職や養護教諭など、本人が嫌がらない範囲の人に時間をとってもらうようにして、自分は後で本人と話をするようにします。

② 話を中断させない

初めて話を聞くときは、「でも」「それは、こう考えなくちゃいかん」など、話をさえぎるようなあいづちを入れないように、気をつけます。まず、ひととおり話を聞かせてもらうようにします。

時間の目安は、1時間です。それ以上になると、どちらも疲れてしまうことがあります。「ずっと聞き続けないといけない」と思わなくて大丈夫です。

「今日はこんな話をしてくれたね。黙って聞いているだけでよかったかな？」「今、つらいことが伝わってきた。何かできることはない？」など、さりげなく話を終わる方向にしてもよいと思います。

③ 否定的な言葉は用いない
特に、「でも」「それはあなたが悪い」といったような、否定的な言葉や、相手を評価するような言葉は避けます。

多少、相手の話のつじつまが合わなくても、「そう感じたんだね」と聞くようにします。「お話のとおりだとしたら、キツイね」などです。

④ 気分転換が気分転換にならない場合は、受診をすすめる
気分転換が気分転換にならない、今まで好きだったこともできないという場合には、専門家の受診をすすめます。

養護教諭やスクールカウンセラー、都道府県の精神保健福祉センターなどが、受診先情報をくれると思います。

⑤ プライバシーを守ることを伝える
プライバシーを守れるようなら、それを相談者に伝えます。

私の場合、職務上必ずプライバシーは守りますが、例外があります。治療契約をしている患者なら、契約をした時点で、緊急時連絡の了承をとっています。命がかかっている場合は、家

族に連絡をすることがあります。連絡をとった場合は、前後しても、誰にどのような連絡をとったのか、本人に知らせます。

実際に連絡をとる前に本人の了承を得るのがいちばんいいのですが、そういった状況のときは本人が取り乱しておられることが多いため、こちらでどうするか判断しています。つまり、死にたいほどつらい気持ちを語っているのか、本当に死を具体的に考えて実行しようとしているのか、様子を見て推測します。これは非常に難しい判断です。

周囲の対応――その他の注意（緊急対応を含めて）

①「死にたい」と漏らされた場合

「死にたい」と相談された場合は、本人の家族に連絡をとります。死にたい気持ちがあることを秘密にはしない旨を本人に伝え、家族、本人の所属長など、適切と思われる人に連絡をとります。

「あなたにだから言ったのに。言わないで」と言われても怒られても、「あなたの命が大事だから、これは秘密にできない。ご家族に連絡をとらせてもらうよ」と伝え、そのように動くほうが、後で後悔しないと思います。

そして、家族に引き渡すまで、誰かがそばにいるようにします。受診先を探して、家族とともに受診してもらうのがよいと思います。

ある管理職は、一人暮らしの若い職員が「死にたい」と漏らしたので、もう一人別の職員に車の運転を頼み、自分も同乗して、本人を実家まで送って家族に引き渡しました。もし本人が取り乱したら、自分ひとりで運転と対処は同時にできないから、もう一人が必要との判断です。おかげで、その職員は治療につながり、今も元気にしています。

②「がんばれ」は禁句

弱っている人には、「がんばれ」は酷《こく》な言葉となります。すでに、日々をがんばって生きてきて、考えられることは考え、自分にできそうなことはやっています。そのうえで、もうどうしたらいいかわからなくなっているのです。

「これ以上、どうがんばれというのだ。もうがんばれない」と、気持ちが沈みきってしまう方もいますし、そんなことを言われるくらいなら消えてなくなったほうがいい、と思いつめる方もいます。怒る気力もなく、へたりこんでしまう方がほとんどです。

言葉で「がんばれ」と言っていなくても、毛穴から出ているというか、「がんばらないとダメだろう」というのを雰囲気で出している場合もあるので、要注意です。

「がんばってもらわないと」と思っている場合には、「がんばってほしいけれど、それをいま言われると負担かもしれないね」のほうが、現実に即していていいかもしれません。

③「原因は何？」と詰め寄るのは危険

原因がスラスラ言えるくらいなら、ダウンしていません。話を聞くときは、本人が「これが負担」とわかっていることが、1つでも聞けたらラッキー、くらいのつもりがいいと思います。

原因は、言わないのではなくて、本人にもわからないのでうまく言葉にならない場合のほうが多いと思います。ですから、親しい方が聞いても本人がわからないという場合は、何度も原因追究しないほうが、本人を追いつめません。

病気なら、よくなってきたら、「後から考えたら、こういう理由だったのではないか」と整理できる時期がやってきます。

④「病気ではないか」と安易に言わない

素人《しろうと》判断で「病気では？」と言われると、反発したくなる教員は多いようです。

あくまで、「自分から見たらこう感じる」という内容を伝えるとよいと思います。「顔色が悪いように見えるけど」「不調や欠勤が続いているけど、つらいのでは」「体調がよくないようだから、一度、専門家に診てもらったら」などの声かけが、受け入れられやすいと思われます。

どうしても受診が嫌ということなら、健康相談やメンタルヘルス相談をすすめます。管理職や養護教諭の立場であれば、「心配なので、ご家族に職場での状況をお話ししたい」と言って、本人の了承が得られれば、家族に連絡をとってもいいと思います。

また、心療内科の受診は抵抗があるけれど、「物忘れ外来」など自分の症状がある外来なら行く、という場合もあります。眠らなくても平気で興奮が続く、気持ちの落ち込みがひどくぶつぶつ同じことを言っている、「ごみ収集車が週に2回見張りに来ているので怖い」など、受診しないと本人もしくは周囲がもたないだろうという場合には、とりあえず他科から受診するのも一手です。前もって家族から病院に、今の状態と本当の受診動機を伝えておきます。

⑤ 言葉と態度を一致させる

「ゆっくり休んだらいい」と言いつつ、早く出てきてくれないと困るという態度がミエミエでは、二重のメッセージに本人もとまどってしまいます。

どうしてもその方が必要なら、「早く出てきてほしいけれど、そう言ったら負担になるかもしれないね。できるだけ休んで元気になってほしい」と、そのままの気持ちを言われるほうが、本人は安心します。

話の聞き方の基本

ここで、話の聞き方について、基本的なポイントを挙げておきます。日常会話の聞き方というより、「ちゃんと話を聞こうか?」という事態のときや、相談をもちかけられたときの聞き方と思ってください。

これは、保護者対応にも応用できます。くわしくは付録で解説します。

教職は、教科指導の専門家であって、「話を聞く」専門家ではありません。できなくても落ち込まずに、できる範囲で取り入れて実践してみてください。

① 傾聴する

五感を使い、「全身を傾けるような気持ちで」聞くということです。しかし、傾聴は疲れるので、1時間以内というめどをもっていただいて結構です。

相談のとき、話し手が「どうすればいいですか?」という言葉を使うことがあります。そんなときも、まずは「傾聴」です。「何かいいことを言わなければ」と思いすぎないのがポイントです。

「そうですね」「それは困ったなぁ」と受けとめ、もう少し気持ちを話せるように促すことができたら、なおよいです。

そのうえで、何度か「どうしたらいいですか?」と聞かれたなら、ただ話を聞いてほしいのではなく具体的なアドバイスが欲しいのだな、と理解を進め、何か思いつけば伝えるという順番がいいように思います。

例

A「ねぇ、こんなことがあったのよ。腹立つわ〜。どうすればいいと思う?」

あなたがAさんなら、どのように聞いてほしいですか?

B「こうしたらよかったんだよ」

C「もう少し教えて? 何があったの?」

人や状況によりますが、腹が立っているとき、人間は、まずは状況を話してわかってもらい、気持ちを聞いてほしいかもしれません。つまり、Cさんの聞き方のほうが、Aさんはより気持ちを吐露《とろ》しやすいかもしれません。

そのうえで、具体的なアドバイスがほしいなら、Aさんは「あなたならどうする?」と聞いてくると思います。

最初からBさんのように返されたら、「でもさぁ、○○で、＊＊だったから、仕方なかったんだよ」と頑《かたく》なになってしまうかもしれません。結果、AさんBさんとも、話したのに、聞いたのに、うまく通じあえないという、すっきりしない経験になるかもしれませんね。

② 共感する

本当の共感になるよう、こころがけましょう。

簡単にわかった気持ちにならずに、相手の話をよく聞いて、なるほどそうだなぁと自分もしみじみ感じられたときに発する「そうなんだね。」という感じが、本当の共感です。自然にうなずきたくなるという感じが出ます。

それまでは、自分の心の中で、わかる点・まだわからない点を区別しながら聞きましょう。よく聞いてから言葉を返しても、遅くはありません。

例

A「父が亡くなりました」

日常会話なら、「それは大変ですね。気の毒に。」「ご愁傷様です。」というところかもしれません。

B「(深くうなずくような風情で) そうでしたか」(ただ、受けとめる)

A「やっと死んでくれて、ほっとしています」

B「そうなんですね」（もしくは、うなずいて傾聴する）
A「元気な間は、お酒を飲んでは暴れて、家族は大変でした。特に母には手もあげていましたし、もう止めに入らずに済むかと思うとほっとしています」
B（黙って聞く）
A（ひとしきり父を悪く言う）
B（黙って聞く）
A「はぁー（溜息）、そうは言っても、たった一人の父親ですし、楽になったと思いきれなくて、苦しい……」
B「（なるほど！）死んでくれてほっとした気持ちと、たった一人のお父さんだから憎みきれない気持ちと両方がある。苦しいですね」
A「！（涙）そうなんです……。もやもや、苦しくて（涙）」
「あんなにお酒を飲むほどストレスを溜めてたのかもしれないから、してやれたことがあったんじゃないかと思ったり……」
B「後悔とか、罪悪感も感じてる？」
A（涙）（うなずく）

二人の関係にもよりますが、最初に自分の感性だけで、先取りして「それは大変ですね。気の毒に」と決めつけてしまうと、こういう展開にはならなかったと思います。Bさんの聞き方によって、Aさんが複雑な心境を吐露できたと言えるでしょう。

「なるほど、そうなって、こうなって、こういった気持ちが動いたなら、それはもっともだ」と聞き手も実感できたときに、本当の共感は生まれます。

臨床心理士は、患者の話を聞きながら、自分のなかに湧いてくる感じを大事にし、治療にも使います。たとえば、「なんだか真に迫ってこないお話だなぁ」と感じるときに、その違和感がなぜ起こっているのかを知るために、「今のお話をうかがっていると、心ここにあらずという感じがするのですが、気のせいですか？」などと聞いたりします。患者は他のことが気になっていて、本当に話したい部分を話していなかった、治療者を警戒していた、などがわかることがあります。

共感できるまできちんと聞くのは難しい技術ですが、自分が腑《ふ》に落ちること・落ちないこと、わかること・わからないことを意識しながら聞くと、比較的いい聞き方ができると思います。

③ 半分ずつのこころで

私は傾聴するときも、60〜70%くらいで話を聴くようにしています。それは、いい加減に聞くということではありません。聞きすぎ、入り込みすぎて、患者と一緒に道に迷う、ということのない程度にすることとです。

具体的には、付録に記しますが、半分のこころで話の詳細を聴き、もう半分のこころで「この方の言いたいことの中心は何かな?」「この方の悲しみは何なんだろう」「この方にとって、世界はそう見えるんだなぁ」など思いをめぐらせながら、話を聴くということです。

これは、聴く専門家である臨床心理士にとっても、難しい技術です。

④ こころは自由で

自分のこころは自由でかまわない、何を感じてもいいということです。内心「ムカつくなぁ」「嫌だなぁ」と思ってもいいのです。

自由に感じた後が重要です。なんで自分はそんなふうに感じるんだろうなと、ふり返ってみてください。「あのものの言い方では、周りの人とうまくいってないだろなぁ。いろんなところで仲間に入れてもらえなくて、自分に言いに来てるのかもしれないなぁ」など、何か気づくことがあるかもしれません。

そのために延々と話を聞け、ということではありません。相手を一部でも理解できれば、その人とつきあう際の距離感も考えますし、話も聞きやすくなることが多いためです。

5

ダウンしてしまったら
——治療、職場復帰、再発防止

本章では、メンタルヘルス不全で受診・治療に至った以降の注意点を解説します。通院・治療から、休業を経ての慣らし出勤（プレ出勤）、復職、そして再発防止の段階です。

本人、家族、管理職や同僚に気をつけていただきたいことをまとめます。

1　通院・治療中――勤務しながらの通院の場合

本人が気をつけること

●通院時間を確保する。

●調子が悪いときは、予約日に関わらず、主治医と連絡をとって早めに受診する。（治療として、「きちんと予約日に受診することが大切」と主治医から指示されている人は、主治医に従う。）

●最低限、質のよい睡眠をとる。

家族が気をつけること

●（目の離せない場合を除いて）できるだけ家族は普通の生活を送るようにする。

●本人が質のよい睡眠をとれるよう、協力する（夜9時台には入眠するつもりぐらいがうまくいきます）。

●通院・服薬を勝手にやめないようサポートする。
●一緒に主治医を受診して、病状や対応、今後について理解する。

管理職が気をつけること

●通院時間を確保して、行かせてあげる。
●調子が悪いことを相談されたら、早めの受診をすすめる。
●職務軽減の必要がある場合は、キー・パーソン（学年主任、同じ教科・分掌《ぶんしょう》・部活動を担当する人）に状態を簡単に話しておく（理由を言わずに授業時数、部活動、分掌の軽減をすると、周囲から反発を買うため）。
●（配慮が一時的になってもやむをえないが）睡眠が確保できるような仕事内容・量に軽減する。

2 通院・治療中――休業・療養に入った場合

本人が気をつけること

●主治医と相談し、必要であれば、一定期間、職場のことを考えないですむようにする（職場からの連絡は家族の携帯にしてもらう、給与明細やお便りなどの郵便は配偶者宛に送ってもらうなど）。

●負担なことは、一時棚上げする（飲みの誘い、メールなどに、いちいち返信しなくてもよいことを理解する）。

家族が気をつけること

●一緒に主治医を受診して、病状や対応、今後について理解する。
●通院・服薬を勝手にやめないようサポートする。
●（目の離せない場合を除いて）できるだけ家族は普通の生活を送るようにする。
●家族自身が、疲れすぎないようにする（家族の息抜きや睡眠を確保するため、親族や社会資源などにヘルプをお願いして、家族が休養をとったり気晴らしをしたりするのも重要です。病気になった人を家族に一人抱えるのは、想像以上に大変なことです。恥ずかしいなどと遠慮せずに、周囲にヘルプを求めましょう）。
●本人が質のよい睡眠をとれるよう、協力する（主治医に聞いておくのがベストですが、一般に療養当初は、夜の睡眠にさしつかえない範囲で、寝れるだけ寝たほうが回復が早いです。人によっては、かなり我慢してから休業に入ったために疲弊しきっていて、休業してから1年〜1年半くらいは、ほとんど寝っぱなしだったという方もいます。家族が、「怠けている」「そんなに寝ていてはダメになる」などと、本人を追いつめないことが肝心です。そのために、本人の病状を知り、回復度と規則正しい生活に移行していく時期については主治医にご相談ください）。

●療養制度や立場保証、給与保証、手続きなどについて、管理職から説明を受けておく（本人は、病状がよくなく、話を聞きにくかったり覚えていなかったりすることが多いため、少なくとも家族が聞いておくか、本人と同席する）。

管理職が気をつけること

●本人の了承を得たうえで、主治医と面談もしくは連絡をとり、病状、治療の見通し、連絡のとり方などを相談しておく。主治医には、復帰時のための情報として、学校事情も話しておくとよい（たとえば、学期単位での休みのほうが、替わりの講師を確保しやすく、復帰時も職場として受け入れがしやすいとか、現在の生徒の状況が荒れているので、復帰時期によっては過酷な勤務になりそうだ、といったこと。すべての精神科医が教育現場の事情を知ってくれているとは限りません）。

●療養に入った職員とその家族に、病気休暇制度、療養制度について説明をしておく（手続きや、期間の話、給与についての話は、知らないと不安の材料となるため）。

●今後の連絡のとり方について相談しておく（誰に、どんな形で。電話は自宅本人宛ではなく配偶者の携帯にする、診断書は郵送でかまわない、給与明細は自宅配偶者宛に送る、など）。

●療養中は、あまり頻繁に連絡をとらず、療養に専念してもらう。

●療養更新（休業診断書の期日を迎える前に、今後療養を延長するかどうか確認しなければならない）の際に、家族を通じて、連絡をとったり本人の様子を聞いたりする。
●診断書の受け渡しや説明などは、最初は学校ではなく、本人の家や公共の機関、ファミリーレストランなどで、家族同伴でおこなうと、配慮となる。診断書も「直接持ってくるように」とプレッシャーをかけないことが望ましいので、最初は郵送のことが多い。本人が元気になってきて職場へ来れそうになったら、学校を設定する。
●あらかじめ本人の了承を得ておいて、必要に応じて主治医と連絡をとる。

3　通院・治療中——復職を考えられるようになってから

本人が気をつけること

●復職にチャレンジできる病状かどうか、主治医の先生に相談する。
★復職の目安：「職場のことさえなければ、普通に日常生活を送れる」状態になっているかどうか、自分を点検する。少なくとも、（薬が必要な人は、飲むと）ぐっすり眠れて、食事がとれて、少しの家事ができて、活字が読める、音をうるさく感じない、テレビが見られる状態になってからが、復職を検討する目安です。

●リワークプログラム、慣らし出勤などを考え、主治医や管理職と相談する。

●病状や症状の出方には波があるので、長い目で復職の準備時期を過ごす。

家族が気をつけること

●本人が復職を焦りすぎていないか、気をつける。

●家族が焦らせすぎていないか、考える。右記★の「復職の目安」を参考に。ある程度まで状態がよくなってからでないと、復帰しても再休業になりやすいため。

●迷うときは、本人とともに主治医に相談する。

管理職が気をつけること

●復帰可能な病状かどうかと、配慮すべき点があればそれを聞くために、主治医と連絡をとる（本人もしくは家族の了承を得ないと、主治医は話をしないと思われます）。

●療養明け復帰者を受け入れられるよう、可能な範囲で学校体制を整える。教育委員会とも話をして、必要な人員確保をお願いする。療養者だけでなく、全体を考えて、学校がまわるように（たいへん難しいことではあります）。

●慣らし出勤の制度があればそれを利用する。なくても、本人や主治医と相談のうえ、学校に出てこられるか、簡単な事務作業等がこなせるかなどを検討するため、慣らし出勤を計画する。そして、うまくいけば、実際に復帰の手続きに進む。

4　慣らし出勤

医療機関、NPO法人などでのリワーク支援プログラムを受けた後、定期的に社会に出てゆき、人と接する機会をもてるようになると、教育現場での慣らし出勤に進みます。主治医や校長と相談のうえ、無理のないプログラムを考えます。

多くの自治体が、約1~2カ月のモデルプランを用意して、実施しています。制度として確立していなくても、安全に留意しながら計画する学校が増えています。

慣らし出勤についての留意点や、プログラムの組み立て方、コツを挙げます。

留意点

●本人が慣れるための慣らし出勤であることを、本人と学校（管理職）との間で確認する。

●1~2カ月を目安に（教育委員会には、約1カ月の例がある）。

●各週の「目標」と、「職場で具体的に何をするか」の、両方を考えておいたほうがよい（一

表　慣らし出勤の各段階

	目標	具体的な時間	内容	学校からの仕事
第１段階	学校に行く	週２回、10時～12時	登校、荷物の片づけ	掃除、図書整理
第２段階	朝、定時に行く	週３回、8時15分～12時	教材研究、手伝い	印刷手伝い、掃除
第３段階	時間を伸ばす	週３回、8時15分～15時	教材研究、手伝い	可能な範囲で！
第４段階	フルタイムあり	週４回、うち１日はフル（8時15分～17時など）の日を	授業参観も可	

例として、表を参照）。

●周囲は、本人を飲みに誘わない（疲れをとれるように、配慮する）。

実際の「プレ出勤実施計画書」の例も載せますので、これを参考に書式をつくるとよいでしょう。

コツ（本人・管理職の間で確認しておく）

●最初は、朝みんなが職員室からいなくなってから出勤。

●週末ごとに、本人の様子を聞きながら、翌週の予定を確認・調整する。

●できるだけ、「できた」と終えられるように、控えめな計画を立てる。

●学校から、１～２時間程度でできるような仕事を依頼する（他の教員に感謝されるような内容を入れて）。

●現在できること・できないことについて、お互いの

プレ出勤実施計画書の例

<table>
<tr><td>学校名</td><td colspan="3">●●●●</td></tr>
<tr><td>実施者
職氏名</td><td colspan="3">××××</td></tr>
<tr><td>実施予定
期間</td><td colspan="3">平成26年10月2日から平成26年10月23日まで（計10日）</td></tr>
<tr><td></td><td>実施日</td><td>時　間</td><td>実　施　内　容</td></tr>
<tr><td>第1段階</td><td>10月2日（木）</td><td>9:00～11:45</td><td>同僚とのコミュニケーション</td></tr>
<tr><td rowspan="2">第2段階</td><td>10月7日（火）</td><td>8:15～13:30</td><td>教材研究</td></tr>
<tr><td>10月8日（水）</td><td>8:15～13:30</td><td>教頭の事務補助等</td></tr>
<tr><td rowspan="3">第3段階</td><td>10月15日（水）</td><td>8:15～13:30</td><td>授業見学</td></tr>
<tr><td>10月16日（木）</td><td>8:15～13:30</td><td>教材研究（や指導案作成）</td></tr>
<tr><td>10月17日（金）</td><td>8:15～13:30</td><td>清掃、図書の整理、印刷手伝い等</td></tr>
<tr><td rowspan="4">第4段階</td><td>10月20日（月）</td><td>8:15～13:30</td><td>授業見学</td></tr>
<tr><td>10月21日（火）</td><td>8:15～13:30</td><td>教材研究と指導案作成</td></tr>
<tr><td>10月22日（水）</td><td>8:15～15:30</td><td>模擬授業（新任、休業期間が長くブランクがあるなど、必要に応じて）</td></tr>
<tr><td>10月23日（木）</td><td>8:15～15:30</td><td>清掃、図書の整理、印刷手伝い等</td></tr>
</table>

見きわめにもなるように。
●ダウンしたきっかけ・要因となることは、とりあえずやらない。慣らし出勤中は、そうしたことから距離をおく。
●休業中なので、何か起こった場合に本人に責任能力がないことを、管理職が同僚たちに説明する。児童・生徒に一人で関わらない、関わらせない。基本的に、児童・生徒への対応はさせない。
●「1人分の仕事」を担当させるわけではない。
●誰か教員のいる状況で、その指導のもとでの補助は可（慣らし出勤の最終段階くらい）。
●職員全体にさらされるような状況になることは、控える（職員全体会議への参加、卒業式への参加など。準備は可）。
●模擬授業は、授業力が足りなくてダウンした人や経験の少ない人以外は、必須ではない。
●替わりに来てくれている教員の授業を見学することは可（最終段階、引き継ぎなどの兼ね合いで）。子どもたちには、「先輩の先生に見にきてもらったからね。皆、ちゃんとしてね」などの紹介を。

慣らし出勤中に、本人・家族が学校以外でするのは、次のようなことです。

病状を保つ

●定期的な通院・服薬はもちろん、薬の調整も。

●カウンセリング、メンタルヘルスアドバイザーとの面談を継続。

●メンタルヘルス相談の利用など。

●最低限、ぐっすり眠れるようにする。

慣らし出勤中は、これまでとは刺激の度合いが違うため、自律神経の高ぶりが残って眠りにくくなることもあります。主治医に相談して、薬の調整をする時期としても活用します。

家での役割分担の見直し

●これを機会に、本人の家事分担を減らし、家族の協力をあおぐ。

●本人が家事のほとんどを引き受けていた場合は、一学期間は、晩ご飯に宅配給食をとったり、掃除は業者に入ってもらったりすることもある。

本人の思い込みを軽減する

主治医、カウンセラー、メンタルヘルスアドバイザーなどと話をして、もともとの傾向に気づく、ゆるめる（完璧主義傾向など）。

教員の「しなければならない」という思い込みによって、次の3つは特にできにくいので、留意する。

●まずは、できるだけ定時に職場に来る。定時より早く出勤しない。

●とにかく定時に帰る。

●3年間かけて元に戻るイメージをもつ（担任やクラブ主顧問など、やりたかったことにチャレンジするのは、復帰できてから3年目）。

5 復職

復職できた後も、定期的な通院・服薬、カウンセリングの継続が大事です。復帰直後こそ、2週間に一度程度の受診をしましょう。復帰直後はストレス負荷が増えるため、一時的に薬が増えるケースもあります。

復帰直後の1年間、学校が本人のために配慮すると効果的なものとしては、次のような項目があります。

●できれば担任外に。
●部活動の主顧問は外す。
●復帰1年間程度は、宿泊行事に参加させない。
●定時で帰らせる。
●授業時数や授業の種類が多すぎないように。
●校務分掌の長は避ける。

病状安定のため、①睡眠確保と、②定期的な通院・服薬をこころがけます。右に並べた職務上の配慮は、日中の興奮が残って不眠となり再発するのを防ぐための、具体的な注意です。現場や主治医と相談しながら、可能なところはしていただけると、病状悪化を防げます。

校務外のことでは、復帰1年間程度は、飲み会を控えるのがベターです。ごく気の合う友人だけ少人数で行くのはいいのですが、歓送迎会や忘年会などは、日頃の申し訳なさをお詫びしたいなど気をつかうばかりで、かえって疲れ切ってしまいます。また、お酒は薬の効き目を左右する場合があり、復帰時には控えている方がほとんどです。これら両方の理由から、お酒の席は、誘うけれど、「今はやめておいたほうがいいと思うから、慣れてからにしよう」といった対応をしてくださると幸いです。

お酒といえば、調子が悪くて休業に入った同僚が出たときに、「気づいてやれなかった。話を聞こう」と、療養者を飲みに誘う方がいます。誘う側は善意なのですが、療養に入った直後の場合、療養者にとっては、迷惑以外の何ものでもありません。何もしてあげられなかった罪悪感は、仲間うちで共有することにとどめて、休業に入った教員に対しては、療養に専念できるよう、しばらくそっとしてあげてくださいね。

同僚の方は、対応がわからなければ、校長など管理職に尋ねてみてもいいと思います。管理職は、休業者が出た場合、本人・家族から相談を受けていたり、状態を知っていたりします。また、しっかりした管理職は、本人の了解を得て主治医に連絡をとり、病状や今後の目安、連絡のとり方など対応の目安を把握していると思います。

管理職に聞いてもわからない場合は、返信を求めないお便りなら、本人に送ってもそれほど負担になりません。たとえば、誰が読んでもいいような内容でハガキを送る、「返信する元気がでた頃に返信してくれたら。まずはしっかり療養してくださいね」といったメールを送る、などです。

療養中の方は、返信しないことについて、罪悪感をもつ必要はありません。学校からの手続きに関する事務連絡等は、家族に頼むなどしてきちんとしないといけませんが、同僚や友人からの私信に関しては、返信する元気が出てからでオーケーです。病状がよくないときは、活字も読めないことが多いです。なかには、メールが来るのが怖くて、携帯をタンスにしまい込む方もいます。

逆に、連絡が来ないことを寂しいと思う療養者もいますが、特別に親しい人でなかったら、一般には、療養初期の連絡は控えめにするのがベターです。

療養者のなかには、休んだ罪悪感から、同僚に学校の状態を聞くようなメールを入れる人もいます。そういうメールを受け取っても、療養初期には学校の実情などは返信しないほうがよいと思います。「何よりも身体優先で、今は療養に専念してくださいね」といった返信がよいでしょう。

学校現場は多忙なことが多く、療養者にばかり配慮はできないのも実情です。がんばりやだからこそダウンする人が増えた時代のなかで、自分もいつ療養する側の人になるかわかりません。皆さんの可能な範囲で、「配慮してもらえたら助かること」を挙げました。

6 再発防止

「スムーズな復帰」は、なかなか難しいのが実情です。

休業当初のようなつらい症状がよくなり、睡眠、食欲、意欲が戻ってきたら、まず、朝起きて夜寝るという生活リズムを整えます。そして、外に定期的に出たり、人と話したりできるようになり、やっと復職が考えられるようになります。

まだ波はあるなかで、リワークなどの専門機関に通ったり、現場での慣らし出勤をしたりして、働くことに身体と心を慣らしていきます。並行して、なぜ休業したかについて、気持ちの整理ができると、再発防止につながります。

復帰時は、ほとんどの方が不安を抱えて、心身ともにめいっぱいであることが多いです。1日も休まないで1年を終えるというのは難しいことが多いです。定期テスト後など比較的休みやすいときに半日休暇をもらう、体調がもうひとつなときは1時間休などをとって早めに帰り家でゆっくりする、どうしても身体が動かなくて起き上がれない日は、思い切って一日休みをもらい、しっかり休養してリセットし翌日に出勤する、などを組み合わせて、なんとか1年を乗り切っていきます。

たまには休むけれど長期の休業にはもう入らない、再発せず細く長く1年を過ごす。そのために、目標を設定する方もいます。目標は控えめなほどいいと思います。「授業だけは穴を空けない」「調子がとても悪い日は休んでもいいから、1年間勤続する」などです。

もともとよくできた教職員ほど、休み明けだからこそ、「皆さんのお役に立つように人一倍がんばる」「人の嫌がる仕事は自分が引き受けて恩返しをする」などの高い目標を掲げます。

その結果、またダウンする率も高いように思います。「今、あまり無理できない」という事実を本人が受け入れにくいためにそのようなことになるのですが、復帰前に専門家との話やリワークなどで、休業した原因、復帰時にどのように働くかについて整理しておくと、今の自分にあった心のもち方ややり方が見つかるかもしれません。

最低限、ぐっすり眠れるよう主治医と相談して、その範囲で働く時間を考えるというのも、とても大切なことです。

むすびにかえて

私は、児童相談所勤務を経て大阪の総合病院に勤務していましたが、教員のメンタルヘルス対策に力を入れるからということで、公立学校共済組合の直営病院である近畿中央病院に勤務することになり、10数年が過ぎます。

まさか教職員の皆さんをサポートする病院に勤務するなど、思ってもみませんでした。というのは、私は大学時代、心理学を勉強しながら、教職免許も取りました。母校での教育実習のときに、自分は教育の仕事にはとても就《つ》けないなぁと思いました。「教える」仕事よりむしろ、臨床心理士として、「共に育つ」という分野ならできるかもしれないと思ったことがありました。そして臨床心理士の道に進んだのです。

自分では選ばなかった大変な仕事をしている教師をサポートするなんて、できるかなぁと感じていました。

近畿中央病院に着任当時は、まだ心療内科外来の体制をつくっている最中でした。常勤心理職もなく、私は最初の年は非常勤でした。精神科医と看護師との3人で、こじんまりと外来をやっていた感じです。

少しずつ教職員向けサービスに着手した頃、兵庫県教育委員会が、精神疾患により休業中の教員が起こした「中国道女児おきざり事件」（2001年）を受けて、教職員のメンタルヘルス対策に乗り出しました。当時の院長であった鈴木友和医師はメンタルヘルス対策に理解・関心が高かったため、「メンタルヘルス対策の拠点病院のような役割をしてほしい」ということで兵庫県教育委員会と合意し、協力しあうことになりました。

私は、そのような動きのなか、着任2年目から常勤になったのでした。公立学校共済組合直営の全国8病院のうち、最初の常勤臨床心理士でした。その後は、外来関連の業務、総合病院ならではの他科との連携業務をしながら、教職員に特化したメンタルヘルス事業を進めていくようになりました。

教員のためのストレスチェック体制や、休業中の教員のための復帰支援プログラム（職場復帰トレーニング）の立ち上げ、教職員のメンタルヘルス相談立ち上げをおこない、医師や臨床心理士も増員して、事業を運営するようになりました。

いろんな意味で心細い時期もありましたが、より質の高い支援をしたい、教職員をサポートする体制を提供したいという気持ちは変わりませんでした。臨床心理士や医師、看護師、事務、外部講師などいろいろな人が、趣旨や意図を理解してくれて、それぞれにがんばり協力しながら、メンタルヘルス事業を育ててきたように思います。

●

この本は、大月書店の教育雑誌『クレスコ』の原稿を読んだ木村亮編集者から、強いすすめを受けて書き始めました。筆者のやわらかい感じが伝わるような本にしたいと、東京から関西まで訪問してきてくださいました。セラピーの治療場面では、タイミングと治療の深まりを見て、ズバッとものを言うようにしていますから、治療に通ったことのある患者さんが聞かれたらびっくりされるかもしれません。患者さんには、「外科手術のよう」「麻酔をしないで虫歯を抜く感じ。その場は痛いけど、その後、楽になる」などと言われることもあります。木村さんから聞いた、やわらかい印象というのに驚いたのを覚えています。

私は、ひとりで一冊の本を書きあげた経験はなく、日中ハードな病院勤務をしながら、帰宅後は家のことをして、もう何も考えられない夜もありました。夜のわずかな時間で一冊の本が書けるだろうかと不安でもありました。

そして、ほどなく、仕事と家庭とで精一杯な時期を迎え、締め切りはいったん棚上げとなりました。しかし、ゆっくりでいいから、教員を応援するような本をつくりたいという木村さんの熱い思いを受けて、なんとか進めてゆきました。コンピューターが固まってデータが飛んだり、連日の執筆で体調を崩して点滴を受けたりしましたが、根気強く励ましてくださいました。企画から発刊まで、支えてくださった大月書店の皆様、関係の皆様にお礼申し上げます。

また、共に教職員のメンタルヘルス対策に取り組み、仕事をし、語り合った同僚、関係機関の皆様に感謝いたします。

適当な晩ご飯でも、文句を言わずに見守ってくれた家族、いろいろと協力してくれた友人にも感謝します。

●

私の母は元教員で、教員生活の最後を教頭で終えました（ちなみに山口県下関市です）。

実家が田舎ということもあり、母の時代は、まだ教員は「聖職」だったように思います。母は家に帰ってご飯をつくってくれましたが、やっと話ができると思っても、毎日のように黒電話が鳴り、夜8時台は保護者や学校関係の方と話をしていました。子ども心に、「うちには母親はいないないな」とあきらめていたことを思い出します。夜9時台になると、電話が終わり、勉強ができていないと叱られるので、あまり平日の母に話を聞いてもらった覚えがありません。

管理職になってからは、朝は6時台に出ていきます。セコムというものを外しに行かないといけないそうでした。夜は、そのセコムをかけてからでないと帰れないそうで、子どもとしてはずいぶんセコムをうらめしく思ったものです。

そのぶん、夏休みには、家にいる時間があり、よくプールや自然公園などに連れて行ってくれました。昆虫の研究をしたり、家族で旅行に行って旅行記や絵などを一緒につくったり、楽しい時間を過ごすことができました。

当時は、夏休みといえば、ふだんより母と過ごせる時間があるといった程度の認識でしたが、実は図工や制作の得意な母とつくる自由研究のレベルは高く、毎年、手の込んだものができていました。自分が母となり、子どもたちの宿題を見るようになって初めて、母のしてくれていたことは質の高いものだったのだなぁ、自分にはとてもできない、ということがわかりました。

このことも、私が教職員を尊敬していることと関係すると思います。教師にとっては当たり前の技術が、実は質が高いのです。ふだんお会いする教職員の皆さんは、質の高いものを提供しながらなお、「たいしてできていない」と自分を責める方が多いです。不思議で仕方ありません。（母はのんきな人で、「制作料をもらわないといけないね」と笑います。なので元気でいられたのでしょう。）

学校は、年々、制度が厳しくなり、少しプールに行くのにも届けが必要になりましたが、そんな忙しいなかでも、母は家のことや介護まで一手に引き受けてやっていました。料理は、レパートリーは広くないけれど、まだお総菜も売っていなかった時代に、手早くご飯をつくってくれていました。私はたいした手伝いもせずに、話を聞いてもらえない、母との時間がないと寂しく思っていたのですが、いま思うと、かなり自分勝手な思いだったように感じられます。

ご飯の後も、同居する祖母の世話をし、子どもたちの勉強を見て（できないとよく叱られました。小学生の間は「習ってない」は通用しなくて、「○○書房の何ページに書いてある」と詰め寄られました。完敗！）、大きなかばんに入った持ち帰り仕事をこなし、いつも右手は丸つけの跡で赤かったように思います。夜は遅くまで洗濯やアイロンかけをして、遅くに帰宅する父を必ず起きて待っていました。

父は、いわゆる企業戦士で、その日のうちには家に帰ってきませんでしたが、家にいるときはよく話を聴いてくれました。「子どもたちがおってくれるだけで幸せ」など、気持ちを口にする人で、私は、直接言ったことはないですが、とても嬉しく思っていました。話を聴いてもらって気が楽になるという感覚は、父からもらったものだと思います。そのために臨床心理士になったわけではないのですが、受けとめる、聴く大事さを、少ない時間のなかでももらったと感じています。

●

ふだんは、家のことを一手に引き受けて、自分の趣味などする暇もなかった母、そのぶん、教え子や保護者、同僚の方々からもらう感謝ややりがいを糧《かて》に、母は生きてきたのだと思います。

当時は当たり前と思っていましたが、私が主婦になり母となった今、とても母と同じようなことはできないと痛感します。しかも、母は教員でした。家に帰ってからを含め、その忙しさを知っているため、本当によくやってくれていたんだなぁと思います。現在、私が教員の方のサポートをする基礎が、母の姿を通して知る教員への尊敬にあるのだと思うことがあります。

ですから、教員の皆さんに「身体を大事にしてほしい」「自分らしくいられる時間をつくって、幸せでいてほしい」と思うのは、母への思いも乗っているのだと思うことがあります。

どうぞ皆さん、ご自分と、ご自分が大事にしたいものを守って勤務していただきたいと、こころから思います。

付録

保護者対応のポイント

行き過ぎた苦情

教員が疲れ切ってダウンしてしまう原因のひとつに、保護者対応があります。

学校や地域事情にもよりますが、行き過ぎた苦情が学校に寄せられることが多くなりました。かつてなら地域の世話好きな適任者が抱えていたような内容の不満も、理不尽に学校に持ち込まれるようになっています。

たとえば、本人は「近所から仲間外れになっている」との訴えですが、本当はゴミ当番などを本人が無視していて、注意されてもそしらぬ顔のため、浮いているだけ。不満の矛先《ほこさき》が学校に向かい、「担任が○○してくれない」と執拗《しつよう》に訴えるなどです。どうやら学校は、「攻撃しても大丈夫」な、安全な受けとめ役とされているようです。

地域社会のつながりの薄い新興住宅地域では、わが子のことだけが関心の中心になり、要求の高い保護者、権利意識の高い保護者が多い傾向があるようです。学校が地域から頼りにされるのはいいことですが、できること・できないことを明確にしていかないと、教員ひとりに負担がかかり、休業者も増加することになります。

ある教員は、参観日後の保護者会が怖いと言います。特に、4月末の保護者懇談会で信頼を得ておかないと大変なことになるので、4月末の保護者会は勝負の日だと言います。現実に、信頼を得ることは両者にとって大事なことなのですが、近年は教員側のびくびく度が尋常《じんじょう》ではありません。

4月を通過しても、ひとつの行き違いから糾弾会《きゅうだん》になる恐れもあります。懇談会の翌日から通勤できなくなり休業するケースは多いです。

保護者の要求の内容は、事実に即したものもありますが、すべてを担任や学校の責任にして、自分の子どもの実態から目をそらすケースが見られます。

「話せばわかる」とは限らない

今後は、多様な苦情や行き過ぎたクレームに対応するスキルを、教員が身につける研修も必要だと思います。

「話せばわかるはず」と思って一生懸命に対応する教員の善意を、自分の不安や不全感から利用する保護者も出てきました。多くの保護者は「話せばわかる」人ですが、一部に「話してもわからない」人もいるのだという知識と対応策は必要でしょう。私も講演で、「話してもわからない方への対応ポイント」を聞きたいと求められることが多くなっています。

臨床心理士は「話を聞くこと」のプロですから、聞き方のスキルを使って治療に関わります。人格障害の方、対応が困難な方の話を聞くことも、技術のひとつです。しかし教員は、「教えること」や教科指導のプロであって、決して「話を聞くこと」のプロではありません。そのため、大学のカリキュラムなどで、話をどう聞き対応するかの実習や考え方などは習わないそうです。現場に出て初めて、多種多彩な方への対応を迫られるわけで、非常に気の毒な職種といえるかもしれません。

そこで、ストレス予防のスキルとして知りたいとのお求めがあったときには、「話してもわからない方の話の聞き方ポイント」をお話しするようにしています。これからそれをご紹介します。

これは、対応困難な保護者への対応のポイントとして有効かもしれません。同僚間の対応や人間関係については、肩の力を抜いて愚痴を言いあえる相手を見つけるのがいちばんの良薬です。愚痴は、悪いものではありません。ただ、口のかたい方に話をしてくださいね。

1　話の聞き方　8つのポイント

それでは、8つのポイントを紹介します。

①　敵と見なさない

「よく来られた」と迎え入れる、歓迎するつもりで接してください。

どうしても歓迎が難しいときは、お腹のなかで「嫌やなぁ」と覚悟して迎えてください。中途半端がいちばんよくありません。どちらかに決めて、対応することがポイントです。自分の気持ちのもっていき方に迷っていたら、相手にはすぐに見抜かれます。そう気が進まないときや、自分が元気がないときは仕方ないですが、できれば、「またお会いしましたねぇ」と迎えるつもりのほうが、うまくいきます。

②「訴えには種類がある」と思いめぐらせながら聞く

（a）まともな要求・お願い
（b）ある程度対応すべき苦情
（c）うっかり一人で対応してはいけない苦情

「訴え」の場合、少なくともこの3種類はありますから、どれかなぁと思いめぐらせながら対応すると、こちらが巻き込まれにくくなります。

aには、これまでどおり誠実に対応する。bには、「ここまではできるけれど、ここからはできかねる」ことを伝えます。cは、一人で対応せず、複数の教員がチームで関わりましょう。

aの例（まともな要求・お願い）

保護者A「最近、運動会の練習が続いているでしょう？　うちの子はへばっていて、学校から帰ってきたら倒れるように寝ているんです。猛暑のなかですし、もう少し休憩を入れながら指導していただくか、動かないときは日陰に入れて、こまめに水分補給をさせてもらえませんか？　心配です」

近年の猛暑を考えると、保護者の心配は了解の範囲内です。状況にもよりますが、こういったものは、おそらくaのパターンです。

教員「わかりました。子どもさんが疲れていて、心配されたんですね。申し訳ないです。こまめに水分はとらせるようにしていますが、明日からもっと気をつけてみるようにします。お知らせくださり、ありがとうございます」

bの例（ある程度対応すべき苦情）

保護者Bは、途中までは保護者Aと同じ訴え。それに加えて、

「だから、毎日うちの子の様子を電話してください。あ、仕事で遅いから、電話は夜10時以降にお願いしますね。携帯ね」

教員は、aの対応プラス、「申し訳ありませんが、お電話はできかねます。こちらから、変わったことや何かお伝えしたいことがあれば、連絡帳にてお知らせしますね。できるだけ、お子さんたちの体調が整うように目を配りたいと思っています。では、お電話、置かせていただきます」

もうひと押しされて、納得してくれない場合には、いったんその件には返事をせず、「私ひとりでは判断できないので、管理職と相談をしますね」と伝えて、実際に管理職や学年主任と相談をして、一人で対応しないほうがいいと思われます。

学校の判断として断ってもらえるのがいちばんいいのですが、万一ごり押しされる場合、「私も、介護（あるいは子育て）を抱えていて、夜のお電話はできかねるんです。すみません」「身体が強いほうではないので、何もないときのご連絡は控えさせていただいています」など、事情や理由を添えてもいいと思います。それが本当の理由でなくてもです。時間外の過酷な労働の約束をするのはおすすめしません。

cの例（うっかり一人で対応してはいけない苦情）

保護者C「学芸会の劇で、主役を他の子に取られた。もう学校に行かないと言っている。すぐに主役に変えてくれ」

クラスみんなで話し合いのうえ、役を決めたので、担任はびっくりします。その家庭なりの事情があるのかもしれないと思い、よくよく話を聞いても、「主役にしろ」の一点ばりです。後日、子どもも本人は嫌がっているのがわかります。

劇の役をどうするか、具体的な対応は後にするとして、訴えてくる事情や気持ちを知ることが、解決への糸口となります。

よく話を聞いても、「〇〇された」など被害的な訴えに終始する場合、他の教員にも関わってもらいましょう。自分には年齢・性別や相性《あいしょう》の問題で言われなかったけれど、他の教員になら話してくれることもあります。

後述の、「対応困難な方の特徴」を強くもった保護者の場合、一人で対応しないで、管理職などに相談して複数で関わることをおすすめします。

③ 初期対応が大事

最初の1回は、迎え入れる気持ちで、「でも」などの否定的な言葉は用いずていねいに聞くと、その後がうまくいくことが多いです。

時間の目安は1時間です。1時間をめどに、「今日は、〇〇のお話が聞けました」と区切りをつけるのも、ポイントです。相手も、引くに引けず、引きぎわを待っていることがあります。

④「本当は何を訴えたいのだろう?」と空想しながら聞く

対応困難な方の話というのは、全身全霊をかけて聞いてしまうと、本当に訴えたい事柄を汲《く》みとれないことがあります。話を聞きながら、頭の片隅で「この方が本当に言いたいことは何だろう?」などと空想することで、道に迷うことを防止できます。

私は、一方で話を真摯《しんし》にうかがいつつ、他方で「今、この方は、こんなにも強い調子で話しておられるなぁ。この方の悲しみの中心は何だろう?」など、いろいろな空想をしながら聞いています。

不謹慎《ふきんしん》な聞き方のように感じるかもしれませんが、この空想が止まるときは、実はこちらも道に迷いかけていることがあるのです。

例

「プルタブを開けようとすると、親指の爪がパキッと曲がってしまうのではないかと心配して、お茶が飲めない」

メンタルヘルス相談にわざわざお越しになり、このような相談です。わかりにくい方の話ぶりというのは、こんな感じです。

もし私が、内容に反応して、「今どきプルタブじゃなくて、ペットボトルという便利なものがあるから、それで飲んだらどうですか?」と言ったとしたら、お茶は飲めます。あるいは、「手を添えておくから、爪が折れないように一緒に開けましょうか」と言うと、お茶は飲めますが、一生私が必要になります。

「いったいこの方は何をおっしゃりたいんだろうなぁ。なんだか、不安げだなぁ。お茶が飲めたらいいというわけでもなさそうだ。必死な感じが伝わってくる」など空想しながら話をうかがっていると、この方は現在休業中で、もうすぐ診断書の期限が切れる、そして復職をどうするか迷っていることがわかってきました。

私「もしかして、親指の爪がパキッと折れるみたいに、復職かどうか決めることが不安だということでは?」と尋ねると、そのとおりのようでした。本人も、何かよくわからない不安感と、爪の話がつながっているとは気づいていなくて、実は復職するかを決めるのが怖いのだということに気づくと、落ち着かれたようでした。

よくわからない話というのは、ひとつひとつ内容に反応せず、こういった聞き方をすると、本人も落ち着くことがあります。

⑤　こころは自由で

話を聞きながら、「嫌だなぁ」「ムカつく」など、自分の素直な気持ちを感じてもいいのです。真面目な教員ほど、「相手を悪く思ってはいけない」と、自分を不自由にしてしまいがちです。心の中では何を感じてもいいのです。ただし、できれば顔に出さないよう努力をして、対応した後で、信頼できる同僚に話を聞いてもらってくださいね。

⑥　気持ちを短く伝える

あまりに相手の言葉がきついとき、ひたすら黙って聞くばかりではなく、自分の気持ちを短く伝えるのは有効です。

「短く」がミソです。長々としゃべっては、その弁に怒りの矛先が向くことがあります。「そこまで言われると、キツイなぁ」「ちょっとわからなくなってきました」「よくわかる先生も呼びますね」（と、いったん席を外す）など、自分も相手もひと呼吸できる間《ま》をとれるといいですね。

⑦　目標・目的を共有しながら聞く

対応困難な方の話は、それることも多いので、「今日は、○○についてお話に来られたのでしたね」と確認をはさみます。

あまりやりすぎると、怒られることもあるので注意。

終始わかりにくかった話の場合、わかったふりはせず、「今日は○○についてお聞きできました」「熱心に考えてくださっているのがわかりました」など、わかったことのみを伝えておくことも有効です。わかったふりをして聞いたまま終えると、後で理解がずれたときに、「聞いてなかったのか?!」と怒りを向けられることがあります。

わかりにくい話のときは、首をひねっていてもいいと思います。そして、わかったことのみを最後に伝えてお帰りいただくといいと思います。

⑧ 限界を設定する

われわれも人間ですから、筋のおかしい話を全部飲むわけにはいきません。「ここまではできるが、ここからはできかねる」という限界を、伝えていいと思います。

再三、電話をかけてきて、言った言わないと泥仕合になる方の場合、「電話では行き違いが出るから、電話でのお話はやめましょう。会ったときにお話ししましょう」というのもありです。

また、遅い時間の家庭訪問や電話を要求されるケースもあります。一時的な緊急対応でないかぎり、「何時までは対応できるけれど、何時以降は対応できかねます」と言ってもいいと思います。

できれば、こういう線引きは、管理職が言ってくれると、担任が守られます。他の教職員にも周知して、いちおうの対応を共有しておくと、「あの先生はしてくれるのに、あなたはしてくれない」といった不満を向けられずにすみます。

あらためて、ポイントをまとめておきます。

①　敵と見なさない

②　「訴えには種類がある」と思いめぐらせながら聞く

③　初期対応が大事

④　「本当は何を訴えたいのだろう？」と空想しながら聞く

⑤　こころは自由で

⑥　気持ちを短く伝える

⑦　目標・目的を共有しながら聞く

⑧　限界を設定する

2 対応困難な方の特徴

対応困難な方はごく一部の方ですが、そういった極端な方々が学校に攻撃的になるのは、教員のせいというよりは、何かの理由によって、その方が非常に不安であったり情緒《じょうちょ》不安定であったりすることが多いのです。しかし、余裕がないために、「不安だから、話を聞いてほしい」とは上手に言えません。

それで、「○○が悪いから自分がひどい目にあっている」と、安全な学校に執拗に訴えることになります。いわば、アテにされているからこそ、教員が頼られるわけです。人間は、言ってもどうしようもない人にわざわざ文句は言わないものです。

一方、真面目な教員ほど、文句を言われると、「自分はダメだ」「できていないから言われるのだ」と、逆に自分を責める傾向にあります。

対応困難な方に苦情を言われたときには、相手は不安なのかもしれない、「不安だから話を聞いて」と言えずに攻撃するのかもしれない、と思うことで、少し冷静になれるかもしれません。

こういうケースには、うっかり一人で対応してはいけません。信頼している教員と、複数で対応してください。

特に対応困難な方の特徴としては、次のようなものがあります。

① 自分のなかのネガティブな感情を、他人の感情として体験する。
「先生が怒っているから私の腹が立ったのだ」など、主語が代わり、人のせいになる。自分がネガティブな感情をもっていると認めること自体に耐えられないため、「周囲の○○が悪いから」といった物言いになる。

② 自分に都合の悪いことだけ、なかったことになる。
たとえば、自分が怒鳴ったから、教員が少々声を強くして「とにかく座ってください」と言ったのに、「突然、先生が恫喝《どうかつ》した」というふうに体験をする。

③ ものの見方が極端であり、人に対して、全部良い人か全部悪い人か、といった捉え方をする。
話を受け入れて聞いてくれている間は神様扱いだが、1つ思うように聞いてもらえないと極《ごく》悪《あく》人扱いになり、いっさい話が通じなくなる。

三拍子そろった方がもしおられたら、そういう方に一人で対応するのはリスクが高いです。

3 仲間割れに注意

こういった情緒不安定な方は、自分が不安定なためなのですが、自分には仲間があまりいないと感じていることも多いです。

それで、教職員が支えあっていると、そのチームの仲のよさがうらやましくて、「あの先生はこうしてくれたのに、あなたはしてくれない」など、教職員チームを分断するような働きかけを、無意識におこなうことがあります。教職員のチームが仲間割れすることのないように気をつけてください。

逆に、支えあう教職員チームに守られている感じをおぼえて安心する人もいます。

●

なお、こういった方は、ごく一部の方です。普通に話が通じる方には、今までどおり誠実に対応していただけたらオーケーです。全員を疑えという話ではなく、「うまくいかなかったときのスキル」として、知っておいて損はないと思って紹介しました。

くれぐれも、巻き込まれて自分や相手を責めすぎないようにしてくださいね。

三重県	三重県教育委員会事務局	☎ 059-224-2946
滋賀県	滋賀県総合教育センター	☎ 077-588-2311
京都府	京都府総合教育センター	☎ 075-612-3266
京都市	京都市総合教育センター	☎ 075-371-2340
大阪府	大阪府教育センター	☎ 06-6692-1882
大阪市	大阪市教育センター	☎ 06-6572-0263
堺市	堺市教育センター	☎ 072-270-8120
兵庫県	兵庫県立教育研修所	☎ 0795-42-3100
神戸市	神戸市総合教育センター	☎ 078-360-2001
奈良県	奈良県立教育研究所	☎ 0744-33-8900
和歌山県	和歌山県教育センター学びの丘	☎ 0739-26-3511
鳥取県	鳥取県教育センター	☎ 0857-28-2321
島根県	島根県教育センター	☎ 0852-22-5859
岡山県	岡山県総合教育センター	☎ 0866-56-9101
岡山市	岡山市教育研究研修センター	☎ 086-944-7255
広島県	広島県立教育センター	☎ 082-428-2631
広島市	広島市教育センター	☎ 082-223-3563
山口県	やまぐち総合教育支援センター	☎ 083-987-1160
徳島県	徳島県立総合教育センター	☎ 088-672-5000
香川県	香川県教育センター	☎ 087-833-4235
愛媛県	愛媛県総合教育センター	☎ 089-963-3111
高知県	高知県教育センター	☎ 088-866-3890
	高知県心の教育センター	☎ 088-833-2932
福岡県	福岡県教育センター	☎ 092-947-0079
北九州市	北九州市立教育センター	☎ 093-641-1775
福岡市	福岡市教育センター	☎ 092-822-2801
佐賀県	佐賀県教育センター	☎ 0952-62-5211
長崎県	長崎県教育センター	☎ 0957-53-1131
熊本県	熊本県立教育センター	☎ 0968-44-6611
熊本市	熊本市教育センター	☎ 096-359-3200
大分県	大分県教育センター	☎ 097-569-0118
宮崎県	宮崎県教育研修センター	☎ 0985-24-3122
鹿児島県	鹿児島県総合教育センター	☎ 099-294-2311
沖縄県	沖縄県立総合教育センター	☎ 098-933-7555

全国の教育センター

北海道	北海道立教育研究所	☎ 011-386-4511
札幌市	札幌市教育センター	☎ 011-671-3410
青森県	青森県総合学校教育センター	☎ 017-764-1997
岩手県	岩手県立総合教育センター	☎ 0198-27-2711
宮城県	宮城県総合教育センター	☎ 022-784-3541
仙台市	仙台市教育センター	☎ 022-251-7441
秋田県	秋田県総合教育センター	☎ 018-873-7200
山形県	山形県教育センター	☎ 023-654-2155
福島県	福島県教育センター	☎ 024-553-3141
茨城県	茨城県教育研修センター	☎ 0296-78-2121
栃木県	栃木県総合教育センター	☎ 028-665-7200
群馬県	群馬県総合教育センター	☎ 0270-26-9211
埼玉県	埼玉県立総合教育センター	☎ 048-556-6164
さいたま市	さいたま市立教育研究所	☎ 048-838-0781
千葉県	千葉県総合教育センター	☎ 043-276-1166
	千葉県子どもと親のサポートセンター	☎ 043-207-6032
千葉市	千葉市教育センター	☎ 043-285-0900
東京都	東京都教職員研修センター	☎ 03-5802-0201
神奈川県	神奈川県立総合教育センター	☎ 0466-81-8521
横浜市	横浜市教育センター	☎ 045-671-3240
川崎市	川崎市総合教育センター	☎ 044-844-3600
相模原市	相模原市立総合学習センター	☎ 042-756-3443
新潟県	新潟県立教育センター	☎ 025-263-1094
新潟市	新潟市立総合教育センター	☎ 0256-88-7444
富山県	富山県総合教育センター	☎ 076-444-6161
石川県	石川県教育センター	☎ 076-298-3515
福井県	福井県教育研究所	☎ 0776-36-4850
山梨県	山梨県総合教育センター	☎ 055-262-5571
長野県	長野県総合教育センター	☎ 0263-53-8800
岐阜県	岐阜県総合教育センター	☎ 058-271-3325
静岡県	静岡県総合教育センター	☎ 0537-24-9700
静岡市	静岡市教育センター	☎ 054-251-3288
浜松市	浜松市教育センター	☎ 053-439-3120
愛知県	愛知県総合教育センター	☎ 0561-38-2211
名古屋市	名古屋市教育センター	☎ 052-683-6401

愛知県	愛知県精神保健福祉センター	☎ 052-962-5377
名古屋市	名古屋市精神保健福祉センター	☎ 052-483-2095
三重県	三重県こころの健康センター	☎ 059-223-5241
滋賀県	滋賀県立精神保健福祉センター	☎ 077-567-5010
京都府	京都府精神保健福祉総合センター	☎ 075-641-1810
京都市	京都市こころの健康増進センター	☎ 075-314-0355
大阪府	大阪府こころの健康総合センター	☎ 06-6691-2811
大阪市	大阪市こころの健康センター	☎ 06-6922-8520
堺市	堺市こころの健康センター	☎ 072-245-9192
兵庫県	兵庫県精神保健福祉センター	☎ 078-252-4980
神戸市	神戸市こころの健康センター	☎ 078-371-1900
奈良県	奈良県精神保健福祉センター	☎ 0744-47-2251
和歌山県	和歌山県精神保健福祉センター	☎ 073-435-5194
鳥取県	鳥取県立精神保健福祉センター	☎ 0857-21-3031
島根県	島根県立心と体の相談センター	☎ 0852-32-5905
岡山県	岡山県精神保健福祉センター	☎ 086-272-8839
岡山市	岡山市こころの健康センター	☎ 086-803-1273
広島県	広島県立総合精神保健福祉センター	☎ 082-884-1051
広島市	広島市精神保健福祉センター	☎ 082-245-7746
山口県	山口県精神保健福祉センター	☎ 0835-27-3480
徳島県	徳島県精神保健福祉センター	☎ 088-625-0610
香川県	香川県精神保健福祉センター	☎ 087-804-5565
愛媛県	愛媛県心と体の健康センター	☎ 089-911-3880
高知県	高知県立精神保健福祉センター	☎ 088-821-4966
福岡県	福岡県精神保健福祉センター	☎ 092-582-7500
北九州市	北九州市立精神保健福祉センター	☎ 093-522-8729
福岡市	福岡市精神保健福祉センター	☎ 092-737-8825
佐賀県	佐賀県精神保健福祉センター	☎ 0952-73-5060
長崎県	長崎こども・女性・障害者支援センター 障害者支援部精神保健福祉課	☎ 095-844-5132
熊本県	熊本県精神保健福祉センター	☎ 096-386-1255
熊本市	熊本市こころの健康センター	☎ 096-366-1171
大分県	大分県精神保健福祉センター	☎ 097-541-5276
宮崎県	宮崎県精神保健福祉センター	☎ 0985-27-5663
鹿児島県	鹿児島県精神保健福祉センター	☎ 099-218-4755
沖縄県	沖縄県立総合精神保健福祉センター	☎ 098-888-1443

全国の精神保健福祉センター

北海道	北海道立精神保健福祉センター	☎ 011-864-7121
札幌市	札幌こころのセンター	☎ 011-622-0556
青森県	青森県立精神保健福祉センター	☎ 017-787-3951
岩手県	岩手県精神保健福祉センター	☎ 019-629-9617
宮城県	宮城県精神保健福祉センター	☎ 0229-23-0021
仙台市	仙台市精神保健福祉総合センター（はあとぽーと仙台）	☎ 022-265-2191
秋田県	秋田県精神保健福祉センター	☎ 018-831-3946
山形県	山形県精神保健福祉センター	☎ 023-624-1217
福島県	福島県精神保健福祉センター	☎ 024-535-3556
茨城県	茨城県精神保健福祉センター	☎ 029-243-2870
栃木県	栃木県精神保健福祉センター	☎ 028-673-8785
群馬県	群馬県こころの健康センター	☎ 027-263-1166
埼玉県	埼玉県立精神保健福祉センター	☎ 048-723-1111
さいたま市	さいたま市こころの健康センター	☎ 048-851-5665
千葉県	千葉県精神保健福祉センター	☎ 043-263-3891
千葉市	千葉市こころの健康センター	☎ 043-204-1582
東京都	東京都立中部総合精神保健福祉センター	☎ 03-3302-7575
	東京都立多摩総合精神保健福祉センター	☎ 042-376-1111
	東京都立精神保健福祉センター	☎ 03-3842-0948
神奈川県	神奈川県精神保健福祉センター	☎ 045-821-8822
横浜市	横浜市こころの健康相談センター	☎ 045-671-4455
川崎市	川崎市精神保健福祉センター	☎ 044-200-3195
相模原市	相模原市精神保健福祉センター	☎ 042-769-9818
新潟県	新潟県精神保健福祉センター	☎ 025-280-0111
新潟市	新潟市こころの健康センター	☎ 025-232-5560
富山県	富山県心の健康センター	☎ 076-428-1511
石川県	石川県こころの健康センター	☎ 076-238-5761
福井県	福井県精神保健福祉センター	☎ 0776-26-7100
山梨県	山梨県立精神保健福祉センター	☎ 055-254-8644
長野県	長野県精神保健福祉センター	☎ 026-227-1810
岐阜県	岐阜県精神保健福祉センター	☎ 058-231-9724
静岡県	静岡県精神保健福祉センター	☎ 054-286-9245
静岡市	静岡市こころの健康センター	☎ 054-262-3011
浜松市	浜松市精神保健福祉センター	☎ 053-457-2709

公立学校共済組合のサービス

面談によるメンタルヘルス相談
全国に約 230 カ所、ご希望の場所で相談を受けることができます。
予約受付　☎ 0120-783-269
平日：午前 9 時から午後 9 時まで
土曜日：午前 9 時から午後 4 時まで
（要確認）組合員証の記号・番号

教職員健康相談 24
24 時間電話相談
☎ 0120-24-8349（年中無休）

メンタルヘルス相談
下記の公立学校共済組合直営病院でおこなっています。

公立学校共済組合　直営病院一覧

東北中央病院
〒 990-8510　山形県山形市和合町 3-2-5
☎ 023-623-5111

関東中央病院
〒 158-8531　東京都世田谷区上用賀 6-25-1
☎ 03-3429-1171

北陸中央病院
〒 932-8503　富山県小矢部市野寺 123
☎ 0766-67-1150

東海中央病院
〒 504-8601　岐阜県各務原市蘇原東島町 4-6-2
☎ 058-382-3101

近畿中央病院
〒 664-8533 兵庫県伊丹市車塚 3-1
☎ 072-781-3712

中国中央病院
〒 720-0001　広島県福山市御幸町大字上岩成 148-13
☎ 084-970-2121

四国中央病院
〒 799-0193　愛媛県四国中央市川之江町 2233
☎ 0896-58-3515

九州中央病院
〒 815-8588　福岡県福岡市南区塩原 3-23-1
☎ 092-541-4936

著者

井上麻紀（いのうえ まき）

臨床心理士。公立学校共済組合近畿中央病院メンタルヘルスケア・センター副センター長。

10年以上にわたり、学校教職員の専門病院で、教員に特化したメンタルヘルスケアや職場復帰支援をおこなってきた。

「教員である前に、まずは人として元気になってもらうこと」をモットーに、これまで400名以上の教員に職場復帰支援を実施し、復帰率は80%近くにのぼる。

共著書に、『イチャモン研究会——学校と保護者のいい関係づくりへ』（小野田正利編著、ミネルヴァ書房、2009年）。

装幀・デザイン：藤本孝明［如月舎］
イラスト：黒須高嶺

教師の心が折れるとき
教員のメンタルヘルス　実態と予防・対処法

2015年５月20日　第１刷発行
2022年７月25日　第６刷発行

定価はカバーに表示してあります

著者　井上麻紀
発行者　中川進

〒113-0033 東京都文京区本郷 2-27-16
発行所　株式会社　大月書店
印刷　太平印刷社
製本　中永製本

電話 03-3813-4651（代表）　FAX 03-3813-4656　振替 00130-7-16387
http://www.otsukishoten.co.jp/

ISBN 978-4-272-41226-6　C0037　Printed in Japan